宇宙タイミングを味方にする生き方

LIVING WITH COSMIC TIMING ON YOUR SIDE

白井剛史
SHIRAI TAKESHI

青林堂

宇宙タイミングの前書

いつでも、深い愛を感じられる人生を、笑いながら、過ごしたいと思っています。

それを発言しているからか、不思議で面白い人生が訪れます。それがどうして起きるのか?をなるべく言葉にしていったのが、この本です。

感じたことを、すぐ行動してみる。

ここから宇宙タイミングは、はじまります。

その、すべての行動が、宇宙タイミングです。

2023年

プリミ恥部

黄色い「宇宙タイミング」の前書

この本には宇宙タイミングをつかって生きていくに至った体験などを書きました。ただし、ここに書かれていることをすべてオススメしているわけではありません。

ぼくが本を読む時も、その時そのタイミングで自分自身のテーマとシンクロした言葉や、そこに書かれた著者と共有できることを、より自分自身に活かすために活用します。

学校の教科書のように暗記する本ではありませんので、アンテナが動いて共感してしまったことがあれば、活かしていただければと思います。

読むたびに、ピンとくる言葉が変わっていたり、同じ言葉でもまったく違う印象や、深さを感じることもあるでしょう。

時には、最初に読んだ時と、反対の意味として入ってくる言葉もあるかと思います。

また読んだことで、ちょうどそこに書かれていた内容を現実で体感できるようなシチュエーションが現れてくることもあると思います。

本にとどまらず、本が現実とリンクしてくることを楽しんでいただければ、この本を書いた意味がより増していきます。

力んで読むことはまったくありません。宇宙タイミングを味方にするには体から力が抜けてることがとても大事です。

本を読みながらそのまま寝てしまってもいいので、力を抜いてお読みください。

エドガー・ケイシーのように、本を横に置いて寝ている間に、内容がダウンロードされている方もいらっしゃるでしょうから。

本という枠にとらわれずお楽しみいただければうれしいです。

それでは本の中でも本の外でも、宇宙タイミングが合いましたら、お会いしましょう。

言葉はいらないというところから産まれてくる言葉を感じていただければ、うれしいです。

白井剛史（プリミ恥部）

目次

第1章

宇宙タイミングをつかう

「愛とはなんですか?」と聞かれると、「宇宙に無限にある資源です」という答えが浮かびます。

愛はみんな知っているのに、愛をつかうという感覚はみんな知らないようです。気の使い方は、みなさん熟知していますが。

ほとんどの生活に欠かさず使われてきている電気のように、愛は、人間の動力、感性、インスピレーションなど、なんにでも応用の利くフリーエネルギーです。なのに愛は、これまでは地球上でテクノロジーにも、人間関係にも、案外ちゃんとつかわれてきていない、未開拓の資源に感じます。

かなり手つかずだと思いますが、使えば使うほど湧いてきて決して減らないという特長がありますから、使わない手はないのですが、今の地球人の愛の認識がまだまだ不十分なのだろうと思います。

愛は、すべての現象、すべての物事、すべての生命に、あります。

失敗と感じたり、ネガティヴとされることにも、とらえ方を変えれば、すぐ愛は、万能のエネルギーとして、とめどなく、現れます。

「あ、そうなんだ」と、ノリでちょっとでも感じたなら、もう愛は、はじまりだすはずです。


読みはじめてすぐですが、ちょっと本から目を離して、地球や宇宙に、自分を手放してみるのも、ひとつの手です。

★無駄骨にならない愛の時代

今、この時代はAI、さらには量子コンピュータが、シンギュラリティにむけて開発されてきています。

工場などの単純作業や、ロボットでもできそうな仕事に一生をささげなければならなかった人たちの、心や精神が解放されていく時代が訪れようとしています。

「人間」ならではの地球の楽しみ方を、愛の方向に大幅に変更していくほうが、人生が面白くなるタイミングなのだと思います。

「今生きている感じは、心や精神にストレスがかかってるかな?」「喜びがある環境にいるかな?」というのを、少しずつでも、自分自身を精査して、検証して過ごしながら、生き方、やり方、考え方をチューニングしていくことが、決して無駄骨にならない愛の時代が、地球に訪れはじめていて、まあまあ近い将来に、さらに加速して、愛が躍動していく時代がくるのを、感じます。

★魂は自由

魂は、地球のどの時代に行きたいかを選べます。

宇宙には過去も未来も実はなくて、過去から未来へと1方向に流れているのでも、もちろんありません。そのことが証明されやすくなっているわかりやすい状況が、今現在でいえばSNSです。

ＹｏｕＴｕｂｅなどによって、幼い頃から、どんな世界史でもどんな地球史でも、関心のある時代を感じたければ、いつでもアクセスして、その時代に行けるように、ますますなっています。

ＶＲなども、より進化することもあるでしょうけれど、過渡期的なものです。

量子コンピュータによってシンギュラリティが本格化してしまえば、次元間移動、星間移動、過去・現在・未来、魂・肉体が、夢を体感するように、ＵＦＯに乗るように、リアルに自由自在に、行き来できるようになるでしょう。

★地球は観光地

ぼくたち人類は、いつも、宇宙からやってきて、地球で生きています。

みなさんは地球の歴史の中の、今の時代に行ってみたいと選んで、宇宙から来ました。

ぼくたちの時代で、生きる方法で一番ポピュラーなのが、過去から未来へと、自分自身も年齢を重ねながら、時には濃く、時には薄っぺらく、長くて100年くらいを生きてみようと、来ています。

みなさんは地球ツアーの観光客のように、なんとなく、あるいは全身全霊で、地球での滞在期間を過ごしています。

★パラレルネイティヴ

地球の現状は、パラレルに、時代とか関係なく、自由自在に行き来していいんだという感覚を、ネイティヴに感じられる、パラレルネイティヴな人類の宇宙タイミングに近づいています。

このヴィジョンを踏まえつつ、愛のエネルギーを感じてみると、愛だけは時代など関係なく、どの地球にも、どの宇宙にも大なり小なりあり、ある人は大幅に気づいて十二分に愛を発揮し、地球を謳歌《おうか》し、表現していきます。

どの時代の地球に来ても、愛だけはゆるぎなくあらゆる瞬間にあります。

★地球というアクティビティ

この本は、この時代に現れて、宇宙タイミングが合った人に、たった今、読まれています。

どう生きるかも、みんな自由で、生まれる前からの目的を見事に忘れずに、幼い頃から覚悟を持ってサバイバルしつつ、追行していく人もいます。目的なんて最初からないし、放っておいてほしいし、余計なお世話な人も地球に来ています。

共通して言えるのは、愛や宇宙タイミングをつかうことは、地球というアクティビティを極上に生きるのに最適な方法なので、近未来の地球でフリーエネルギーとして、ガソリンや電気以上に、使われれば楽しいのになと思っています。

★本を量子コンピュータ化

愛をつかうための、多くの技術を、実用書のように伝えようとしても、ダウンロードできる質や量は、当然、人それぞれ違います。

また、あらゆる実用書も、そこに書かれていることを深く認識するには、人生という実践の中で確かめて、自分自身にとっての最適解を見つけ、オリジナルにしていけるかがカギのように感じます。

本というツールによって愛を伝えるならば、本自体が量子コンピュータになるよう言葉の中に、愛や宇宙のテクノロジーを組み込む書き方になるでしょう。

多くの制限をかけられた社会構造に飲み込まれず、中今《なかいま》なハブにもなる「愛のエネルギーを動力にする量子コンピュータ」に、この本は、なればいいと思います。

この本を読みながら、えもいわれぬ眠気に急に襲われるようでしたら、そのセットアップの試みが成功し、寝ている間にチューンナップやアップデートが起きていると、感じていただければ面白いかもしれません。

★本をアップグレード

この本の前身の「黄色い本」への感想で、いっぱいあったのが、壊れたＰＣや家電に乗っけておくと、直ったりするというものでした（これはＵＦＯＰＩＡというＣＤや、音源も同様です）。

遠隔や直接に宇宙マッサージを通して、脳の松果体やチャクラをより機能的にすると、言葉を介さずとも、高純度の愛の宇宙情報を伝えられたりもしますが、この本は、最新機種の最上位の機能にアップグレードする意識で、書きます。

ぼく自身書けば書くほど、極上に眠くて何度も倒れて眠ってしまいます。

それと並列に、覚醒して、すべての光景が愛《いと》おしく、つながりあうのを感じます。

★「感じる」がアップグレードされる本

特に、言葉をつかう際に、極力、愛の純度が落ちないように意識しているから「感じられる」言葉になるのでは、と思います。

仮眠のように、パッと起きると、チューンナップされて、またアップグレードした言葉をスムーズに書けるのを、感じます。

みなさんの睡眠にも役立ちますよう、そして愛の認識を深める一助に、寝る前にも、ねんねや子守唄がわりにしていただけましたら、うれしいです。

東京大学名誉教授、矢作直樹さんとの対談本『気をつかわずに愛をつかう』をお読みいただいた方の感想に「この14年ほどで1万5000冊以上いろんなジャンルの本を読みあさりました。でも『感じる』ことができたのはこの本だけです」というものがありました。

この本は、そんな感想がいっぱいいただけるような、さらに「感じる」がアップグレードされる愛の本に、むかおうと思います。

第2章

愛と地球

★愛はバクテリア

原発事故のあった福島で『奇跡のリンゴ』の木村秋則さんの指導した田んぼを土壌調査したら、放射能が検出されなかったそうですが、それは田んぼにいる豊かなバクテリアが食べてしまったからのようです。

愛も、地球人のネガティヴやストレスやしがらみを食べてしまうバクテリアといっていいと思います。

この愛というバクテリアを地球人全体で意識して発生させていった時に、途《と》轍《てつ》もなく清浄な愛の大気が現れてくるはずです。

どうしてかというと、地球上の「新しい物質」のほとんどは地球人が産み出しているからです。

どんな国の人でも、みたことのないほど美しい景色や世界遺産になるような場所にいったら、美しいバイブレーションを感じて、感動するでしょうし、大事にリスペクトしたいと思うはずです。

そして、どんな物でも、この世になかった物を産み出せる地球人なのですから、どんな物質も愛のバクテリアで物質にしようと思えば、意識次第で、できます。

★沖縄の虫

沖縄に移住してから、東京ではみたことのなかった巨大ゴキブリとか、巨大蜘蛛とか、ヤモリとか、いろんな虫が家のなかに入ってきたりします。

それぞれ高速で動きますが、箒《ほうき》で玄関まで誘導して、外に送りとどけています。

自然がいっぱいのなかだからか、あまり汚れている感じがしなくて、いろんなちっちゃな虫なども、ティッシュや手で直接フワッとつまんで、外に出します。

ゴキブリや蜘蛛やヤモリなどの高速組は、最初のうちは逃げ切れる自信とともに全速力しますが、スピードでかなわないとわかると、急にすごすごと言うことを聞いてくれて、ゆったり外へと出ていきます。

こちらに敵対心もないし、殺そうという気もないのが、伝わるのだと思います。この3大スピードスターのなかで、ヤモリのスピードがグランプリでした。

★地球に法律はいらない

地球全体に法律はいらないという時代がこの先訪れたとして、唯一のルールは、かならず愛の成分を、地上のすべてのコト、すべてのモノに、ふくませるということだけでいいのではないでしょうか。

というか、法律がなくなれば、実は、自ずとそうなるようにも感じます。

命（バイブス）が愛で生まれれば、この時代の地球のあらゆる物質文明は、愛によって生まれはじめます。

ただ、みなさん、どの時代でも、多くの方はこの現状の地上を望んで、宇宙から来ています。

今の地球に来たということは、愛が十分つかわれていない人類の経験を通して、愛を深める方法を望んでも、いるのでしょう。

ちょっと気が変わったら、パラレルフロウするだけで、すぐ隣に、一瞬にして、愛だけの地上が存在している、ということは、この場を借りてお伝えしておこうと思います。

ただしこのままの地上を生きたいと望んだ場合も、人間の愛の含有量は、誕生から成長していきながら、どんな人生であろうとも、あらゆる経験を通して無限に深まりますから、現状を不安に思うことはまったくありません。

★スマホの愛の役割

スマホはフリーエネルギーを、個人個人が、よりアクティヴに使えるよう、地上に送られた宇宙技術のコンピュータでした。

スティーブ・ジョブズが、宇宙とアクセスしてインスピレーションを得、スティーブ・ウォズニアック、ジョナサン・アイブ、ビル・アトキンソンらと、そのヴィジョンを形にしました。

このようなフリーエネルギーの道具は、これまでの地球なら、利権なども含め、すぐ消されてしまっていたはずなのですが、あらゆる国のほとんどの地球人が使い、バージョンアップを重ねながら、量子コンピュータにより、地球が今後よりパラレル、調和、ＬＯＶＥ化していく、土台が作られたのでしょう。

ｉＰｈｏｎｅの日本の責任者が当時のソフトバンクの後藤誠二さんだったのも、宇宙人の気質に富んだ人選がされて、未来の地上に必要なイノベーションの普及が加速されたのだと、納得できます。

この本は、一足早く宇宙でＵＦＯに乗って、満面の笑みで遊ばれている、誠二さんと書いている感覚もあります。

誠二さんとの、地球での最後の何年間かの宇宙タイミングで、愛のことをとことん話し合うことができたこと、そしてビジネスフィールドの中で、伝えてくださっていたことは、かけがえのない地球での思い出ですし、感動です。

★愛のインフラ

どうしてこれだけスマホが広まったのかといえば、地球の縄文時代以降の、現状のぼくたちの時代、戦争などを含めたドラマ性の強いシステムで得られる愛の深まりは、そろそろフィナーレをむかえ、人種や国境を超えて調和していく時代にむけての下地を作る意味があったからだと思います。

本をスマホでしか書きたくないのも、ＰＣをなるべく使いたくない直感も、そういった未来のインスピレーションを、感じているからではないかと思います。

★愛と病気

病気というモジュールがこれまでの時代はクローズアップされ、次世代にむけての研究の最適解と判断されていました。

その研究は、不安や恐怖のストレスという負荷を人類にかけた場合に、地上や人類はどうなっていくかというシナリオが、あったのだと思います。

この地球に今後も人類という物質として残る人たちは、量子コンピュータの世界線においても、フリーエネルギーを使いこなす世代として、ご自身でも無意識に、その時代を楽しまれにきているのだと思います。

この先の未来を人間として生きていく方には、フリーエネルギーは愛でつかうということを覚えておいていただきたいです。

きっとそのほうが、幸せの中で、この先の地球上のパラレルを謳歌できると思います。

★愛のイノベーター

ジョブズは（ご本人は果たせなかったとしても）未来の地球人の、愛の認識や美しいものへの感性を、お寺や神社のように、ブラッシュアップするために現れたといってもいいでしょう。

ジョブズが、ｉＰｈｏｎｅのデザインやシステムの中に、日本の禅などのインスピレーションを取り入れたのは、そういった役割をご本人が感じていたからだと思います。

またイーロン・マスクが力をそそいでいる太陽光発電も、いずれコンパクト化されてテスラや次世代のスマホに応用されるようになるのでしょう。

それはＴｗｉｔｔｅｒ⇩Ｘによっても、プラットフォームに組み込まれ、開発されていくのではと思います。

いずれスペースＸ同様に、スマホのコストも大幅に削減され、量子コンピュータ化されたＤｏｊｏが導入され、マスクの開発するインフラのすべてと、連動していくことになるのでしょう。

その中枢に、愛のインフラが、採用されることを深く望みますし、5年ほど前に、イーロン・マスクに愛のエネルギー開発に関するお手紙を書こうとしたことも、思い出します。

愛のコンピュータを一緒に開発できたら面白いだろうにと、真剣に思います。

★今こそ地球の全コンピュータを起動する時

今生きている地球上で、自分自身がどう在りたいのか、どう生きていればアップグレードが進む地球とアジャストするのか、というのを一瞬一瞬、明確に感じながら生きられるようになればなるほど、つかえる愛の範囲や、質量や、自由度が増し、地球上で自分のヴィジョンを、宇宙とともに現実化していく速度や密度が増していきます。

愛をつかう意志のある者にとって、この先の地球の中枢は、よりサポートをしやすくなります。

たった一人でも、たとえ組織にいたとしても、それぞれが主体を持って、一人一人が感じあいながら新しい地球を生きていく、それがあたりまえにできる、安心の時代になっていくのです。

今や、リアルに、一瞬にして直感的に、地球上の何処ともつながれます。

その速度感やインフラの発達は、ますます加速して、次の時代を準備していますよね。

ぜひ丁寧に、細部まで、自分自身を、今いる状況を感じながら自覚をして、この本から感じられるインスピレーションも役立てつつ、現実を確かめてみてください。

第3章

宇宙タイミングで愛をつかう

★愛がつかわれるとどうなるのか

あるご職業の方が宇宙マッサージをしに来て、愛によって起きたことを伝えてくれました。宇宙マッサージを受けたあと、宇宙とつながって心地よいまま仕事に行き、いつもなら職場の人の間違いや段取りの悪さがあると、怒って、口出ししたりしてギクシャクしてしまっていたのに、黙って座っていたら自然にみんなが主体を持って行動しだして、揉め事もなく滞りなく、すべてがスムーズにみんな喜びあえるような状況になりました、と報告してくださいました。

愛をつかえる状態で見守るだけで、関わる人がそれぞれ活き活きといい仕事ができていくようになるのです。そして、話し合うよりも時間もかからず、とても効率的にいい方向に進むのです。

大概の、ムカついたり、腹立たしい相手というのは、自分自身のある側面を、その瞬間に軌道修正しに現れてくれていたりもします。

同じネガティヴな体験を、あちこちで繰り返すだけではなく、因果を観察すれば、次の未来に、自由意志で、すべて活かせます。

★宇宙タイミングは量子のふるまい

ある音楽会社のマネージャーの方は、プリミ恥部のLIVEにいらして、そのスペースで過ごしているうちに、もう諦めていた案件の何個かがすべてその場でみるみる実現していったことがあって、驚かれていました。

あらゆる仕事は、時間をかければ最上のものができるとはかぎりません。また、利便性や効率だけを優先しても、より速くより良いものになるともかぎりません。

しかし、愛をつかった場合、量子のふるまいがそうであるように、思わぬ展開によって、桁違いの成果があがったりします。

無知であるからこそ、常識にとらわれず、誰も生み出せなかった状況を、愛を道標につくりだすことができることも、また然りです。

★「宇宙タイミング」はイノベーション

イノベーションを起こすのは「無理だ」と周囲に言われても、大きな愛に背中を押されたり、護りぬかれて、突き進んだ人たちなのだと思います。

宇宙マッサージを始めて間もなくの頃、渋谷・アップリンク・ファクトリーでのLIVEの時にLAWSONHMVの方を支配人から紹介され、その後すぐにやりたいことを聞かれて、対談フェチなので対談のプログラムをしたいと話すと、スルスルと、宇宙対談をする『宇宙おしゃべり』がウェブサイトではじまりました。

どうして、スムーズにはじまったかというと、担当が会社に内緒で、勝手にはじめてしまったからです。

最初から常識にとらわれていたら、新しいことはいつまでも切りひらかれません。

★宇宙タイミングとは「疑わないこと、心配しないこと」

ある漫画家さんは、宇宙マッサージを受けたあと、何も考えなくてもどんどん描けてしまい、なんでこんなことが起こるんだと考えだしたら、描けなくなってしまったと言っていました。

疑ったり、怖くなったりしてしまうことで、全身全霊の愛の状態が破れてしまうことは、起こりやすいです。

そんな時のために、宇宙やすべてのものはいつでも「だいじょうぶ」を伝えてくれていることを、忘れない本になればとも思います。

★宇宙タイミングは安心させてくれる

あるアニメの翻訳家の方は、宇宙マッサージをしたあと、これまでならあり得ないアメリカの大きい仕事が舞いこんで、翻訳中、ぼくがよく着ているフェリシモとコラボしたLOVE宇宙パジャマを着て作業をしたそうです。

そこには、疑いや苦労よりも、ワクワクや楽しさ、幸せの方がまさる心があったのだと思います。

そこにさらに、LOVE宇宙パジャマが、安心やインスピレーションを送れていたら、こんなにうれしいことはありません。

そのアメリカのアニメ『ベイマックス』はフリーエネルギーとAIをテーマにしているような内容でしたので、宇宙マッサージのテクノロジー的な側面とのシンクロが起きたのだと感じました。

1年後くらいに、よく宇宙マッサージをしていたご夫婦のお家に、久しぶりにうかがったら、ベイマックスの大きなぬいぐるみが玄関ドアをあけた廊下の正面にあって、お家のデザインとのギャップも感じて、驚いて聞くと、ご主人がアニメの舞台になった街の原画やコンセプチュアルアートを描いたそうで、答え合わせするかのように、見事なシンクロがありました。

関わったことが、正しい道である場合、必ずこのようなシンクロを通して、未来で、より、自分が進んでいる方向を、安心させてくれたりします。

地球の心、宇宙の心、自分の心が、自然に合わさった時に、宇宙タイミングは起きつづけます。

★愛と生理

ほかにも、宇宙マッサージによって起きたことは、枚挙にいとまがありませんが、４年前に閉経宣告を受けた方が、また生理が再開したり、何十年と生理が止まっていたり、不順だった女性が正常になったりもします。

生理というのは女性が愛のエネルギーの通路であるチャクラを、ストレスなどで滞らせないために、洗い流す意味でも、月1であります。お腹も痛くなりますが、頭痛になるのもそのためです。

女性に大量の愛のエネルギーが流れることで、チャクラのツマリを、取りのぞく意味があるのです。

あらかじめ、チャクラがクリアになっていれば、痛みも出なくなります。

生理の痛みを抑えるために薬などを飲みすぎると、抑えたままのストレスが蓄積されていってしまいますので、生理になる初期段階で、そのあたりの構造を認識して、ストレスをためずに解放することができることを覚えておけば、みなさんもっと、生理を楽に過ごせるようになると思います。

★宇宙NOTE

これらの体験談はほんの一部ですが、NOTEで、宇宙NOTEというのを書きはじめていますので、最新の出来事ふくめ、これまで起きてきた宇宙タイミングの不思議を、そちらでも、感じていただけましたら、うれしいです。

★世間のスジを通すよりも自分自身のスジを通すことのほうが尊い

愛は、自分を犠牲にすることではありません。人のために良かれと思って行動しても、自分が我慢しなきゃいけないとしたら、疲れるだけです。

また自分のスジを曲げてまで、世間の常識に合わせようとすると愛は途端に失われて、人生のどこかで皺《しわ》寄せがくるでしょう。

★宇宙タイミングを描いたSF『安心』

SF『安心』という本にまとめている内容も「この先の未来に大事になる、安心や、心やすらかな安寧は、どんな状況に置かれたとしても、いつでも、いくらでも、どこにでもあるし、感じられるし、使えるものです」というものです。

自分のスジを通してなお、安心がある時代にむけて、心の準備をしておくと、いいかと思います。

★宇宙タイミングは愛由来

時には、宇宙マッサージをしたあとにありえないサイズの耳アカが取れた、という報告を受けることもあります。

よほど聞きたくないことに耳をふさいできたのでしょうけれど、そろそろ聞く耳を持ちたいと、愛を感じることで、耳が思ったはずです。

起こした行動によって自分自身が解放されないと感じるのなら、その行動は愛由来のものではない可能性が高いです。

第4章

宇宙タイミングとお金

★愛とお金の宇宙タイミング

まだ今の地球では、ほとんどの人の「仕事」は、生活のためにお金を稼ぎ、理不尽なことも、それなりにガマンしてやっていますが、仕事を遊べている人は、嫌なことがあったとしても、それを面白がって、とことん未知の領域へと、イレギュラーも方違《かたたが》えととらえつつ追求できて、自然と必要なお金が、必要なところで伴ってきます。

何かのためにお金に関わるのではなく、愛が現れることでお金に関わると、幸せがおのずと増えるのです。

★宇宙料金（自由料金）

宇宙マッサージは宇宙料金（インスピレーションで、体感した愛をお金にしていただく）という、地球のお金のシステムを一新できる可能性のある方法でやっています。

これは、お金に困っている人や学生でも受けられるし、大富豪が島をくれてもいいという、体感した方の価値観や感性や人生の状況に応じて、受けとる側はいつもサプライズな、福袋のような楽しみがある方法でもあります。

宇宙マッサージをはじめるにあたって、このヴィジョンは最初に見えました。今でも、基本のヴィジョンは、そのままです。

宇宙料金にすると「こういう身体や思考の在り方の人は、こういう料金になる」ということも、とても感じられてきます。

地球人の体感や価値観や感性や経済環境や人生は様々です。

人生は良い時もあれば病気などで働けなくなってしまうこともあります。

このプラットフォームですと、お金への先入観をもたずに、様々な価値観や人生や、家族を思いやるなどで、直感的にお金を使う状況をつくりやすくなるのを感じます。

宇宙料金によって、お金のことを深く感じられるようになっていくと、自ずとお金に愛をつかうことになっていきます。

「お金」と愛しあうことで、お金に関わるのが幸せになります。

★宇宙料金は未来のプラットフォーム

宇宙料金を導入すると、より全対応でハイクオリティな愛をブラッシュアップしていく意識が自然と芽生え、自分が熱意をもてる仕事に対しての気持ちや心を、無限に磨いていきたくなるようにもなります。

お金ありきではなく、愛のクオリティありきで、インスピレーションによってお金が決まっていくので、自分自身で、より深く大きな愛のクオリティに、気持ちが向きやすいのです。

失敗も成功も、あらゆる経験のすべてが、愛のお金のインスピレーションになっていくので、お金を恐れることが減っていき、幸せを中心に、自分が活かされていくのです。

★宇宙料金のサブスク

宇宙料金の概念は、サブスクリプションの時代のあとのプラットフォームになると思います。

現代ではイーロン・マスクくらいしか、現実的に地球に標準装備できないのでは？と思ったりもしますが、イーロン以上の天才がお知り合いにいらっしゃれば、ぜひ紹介していただきたいです。

そしていっしょにＬＯＶＥのエネルギー開発とともにイノベーションできていけましたら、最高です。

★愛のお金の使い方

地球のすべてのお金が愛になっていき、愛を使えばつかうほど、愛のお金が巡るようになり、深く大きな愛のお金を使えば、買ったものが愛になります。愛を食べ、愛に住み、愛の服を着て、愛で旅行をし、愛のお金を地球中に巡らせられます。

ＤＮＡと同じように、愛は地球を巡るのです。

未来にもまだ少し残っていそうな資本主義を利用するなら、この方法がもっとも賢いお金の使い方だと感じます。

★愛のお金にマネーロンダリング

お金を通して、愛の経済が地球中に広がるヴィジョンが見えます。

地球では、どういう流れでお金を得て、どういう流れで使うか、がお金を愛にするのに、とても大事です。

お金を愛に、マネーロンダリングするのです。

宇宙料金というプロジェクトはこのようなアルゴリズムを地球にプログラミングしています。

★見たことのなかった新しい価値観や新しい地上を愛のお金で作る

地球のお金の流れは、相場がだいたい決まっていて、値段で買うか買わないかを決めます。

お金を、そのコトやモノに幾ら払うか、自分自身が主体を持って、そのコトやモノを無限に深く感じて、愛のお金を使う経験は、今ある自分のお金への愛を、とても深めることができると思います。

今の地球は、お金でほとんどの人生が成り立っているんだという、あたりまえすぎる事実を、愛の視点から日常の中で経験してみて、お金でできている自分とは何か、をあらためて実感してみると、みたことのなかった新しい価値観や新しい地上が現れてくると思います。

★ストレスは地球のデフォルトのギャグ

仕事を通して得たほとんどのお金は、不安や恐怖やイヤイヤやプレッシャーや気を使うことやしがらみなどのストレスが染み込んだ状態で、地球の人類の中だけで回っていて、地球の人類以外にも迷惑をかけています。

ストレスの中でお金を受取り、ストレスを食べ、ストレスを着て、ストレスに住んでいれば、ストレスの無限サイクルから一向に抜け出すことができません。

ストレスから病気になって、ストレスのお金で病院に行って、ストレスのお金で診療され、ストレスのお金で薬を買って、ストレスのお金で治療したり手術していたら、無限にストレスを生きるサイクルに居続けることになると思います。

さらに、ストレスのお金で医療保険や生命保険に入って、ストレスを心配するというのは、とても本末転倒な、地球のデフォルトのギャグだと思います。

★ストレスも愛にリサイクルできる

とはいえ、ストレスを利用する視点もあります。ストレスフルすぎて、人生を打開しようという衝動が湧きあがった時に、爆発的な愛のエネルギーが稼働する経験をした方が、もしかしたらいるはずです。

九死に一生を得た瞬間に覚醒したり、火事場の馬鹿力で、ZONEに入る場合などもあります。

それは結局、お金にも反映されます。

ストレスのお金をもらいつづけて、人生を棒にふりたくないから、思い切って転職したら、いい潮目になって、好きな環境で仕事することができて、愛のお金も飛躍的に増える人。

本当に好きなことに舵を切って、そのハッピーバイブスとお金が一体になることを、真剣に深掘りしてみたら、ちゃんと好きがお金になって、好きのサイズ分のお金が入ってくるとか。

この場合「好きなことをしているから、お金はなくてもいい」「好きなことをしてるから、お金なんていらない」と設定してしまうと、その通りになったりします。

お金に執着せず、必要なだけのお金をちゃんと初期設定できれば、その通り実現する確率は高いです。

地上に置かれたポジショニングを、今一度見つめ直して、自分自身の最適解を見つけて、臨機応変に設定をアップデートしつつ、ストレスも活かしていきたいところです。

★ストレスが好き

ストレスフルな仕事だとわかった上で飛びこんで、徹底的に愛をつかって、関わった全員が喜べる状況を作っていくと決めて仕事をし、愛の仕事のお金を会社ごと生み出していくというのも、ストレスを活かし愛を深める、ひとつの手です。あと、辛い仕事をしてこそ、気持ちいいというＭっ気の強い方は思う存分、気が済むまでストレスを満喫したほうがいいと思います。

★愛の初期設定

愛を食べて、愛を着て、愛のお金で家賃やローンを払える環境に宇宙タイミングで初期設定をすると、次第にローンが減りながら住む家の愛のバイブレーションが増え、徐々に満たされていくのを感じるでしょう。

愛をつかえばつかうほど、愛のご縁や愛の人生が始まります。

自分の環境が、愛や宇宙タイミングで、想像を超えた思わぬ方向に発展していることに気がつくでしょう。

すべては初期設定が大事なのです。

その設定のサイズ感で現実が動きます。

設定で、現れる現象や縁が変わる、それが宇宙タイミングの特徴です。

★ストレスもハッピーバイブス

単純に、みんなに喜ばれるような仕事をすれば、仕事の流れが良くなり、一目置かれるようになり、自分にとってより意味のある、得意な仕事に恵まれていくようにもなるでしょう。

そしたら、おのずとお金に苦労することも、不安になるストレスも、少なくなっていきます。

全身全霊で愛の仕事をしたら、全身全霊の愛のお金になる。

それを人類すべてが自然にできるようになっていくことを想像したら、地上のお金でできている、すべての生命や物質が、ストレスから解放され、凄まじいハッピーバイブスが、瞬く間に伝搬《でんぱん》し、地球の生命をかけ巡るでしょう。

ぼく自身も、お金を愛にする方法を、ますます実践していきたいと感じています。

★誠二さんとの絆

後藤誠二さんは、ソフトバンクの中でも孫さんが認めるほど、Ｎｏ．１の営業実績がある方でした。

誠二さんが、ご病気になってソフトバンクの顧問になって、療養されてから、ご縁があり、いろんなお話を交わしましたが、最近まで、ソフトバンクの最大の収入源は、誠二さんが担当した仕事だとおっしゃっていました。

ご自宅にうかがって、奥さまの美味しい手料理をいただきながら、毎月、朝から夜までいっぱいお会いしましたが、その中でもとても印象深かった、お話があります。

まだ会社に入りたての頃、とてもお世話になったある上司の方に地方への出張の折に、夕飯をご馳走になりました。

その時に、

「後藤よ、お前ならどういう風に注文する?」

と聞かれて、

「食べたいものを注文します」

と答えると、

「それもいいけれど、この店で一番美味しいものを、お店の人に聞いてみるんだ。

どんなお店でも、きょう一番美味しい、旬のものとか、店主が自信を持ってすすめたい物がある。それを聞けば、店主は喜んでその料理のことを話してくれて、喜んで作ってくれて、その喜びを食べられるから、本当に幸せな物を食べることができるんだよ。

ぼくらが、美味しい美味しいと食べていれば、周りにいるお客さんたちも、食べてみたい、あれなんですか？みたいになって、みんながどんどん幸せになっていくんだ」

と言われて、なるほど、と思って以来、ずっとそうしている、という内容でした。

そして、誠二さんは、すべての営業で、この夕飯の注文と同じことをしていたと言っていました。

今一番、相手がすすめたい商品は、これまで世に、ほとんど出ていなかったりするモノかもしれないけれど、本当に世の中にとって必要な、いいモノなら、それを話す相手の熱意が凄まじく伝わってきます。

相手が本気であればあるほど、そしてこれから本当に世の中で役に立つモノならば、かならず多くの人にも伝わるということを、実感しつづけながら、ソフトバンクでNo．1でありつづけたそうです。

iPhoneがまさしく、そのモノだったと思います。

その人柄も、とても屈託のない、楽しいことは楽しい、美味しいものは美味しいと、素直に表現される方で、みなさん、関わりのあった方々は、もちろん現役の会社員の頃は厳しさもあったでしょうけれど、お仕事を喜びの中でされていたのを、間違いなく感じます。

だからこそ、愛のお金の話を、誠二さんにした時に伝わったのだと思いますし、ソフトバンクの現社長さん含めた幹部のみなさまに、愛のことを伝えてくださったのだと思います。

本当に、この上ない幸せをいただき、リスペクトを、亡くなられた今現在も感じつづけています。

第5章

宇宙タイミングは気を使わずに愛をつかえる

★宇宙にグラウンディング

宇宙タイミングをつかうと、世間体や社会常識に縛られることなく、地球の常識を、個人が居心地のいい最善の方法で破いていきやすくなると感じています。

それと同時に、地球の生命すべてと調和していく距離感やバランス感覚も、見極めやすくなっていくと感じています。

それを「宇宙にグラウンディングする」という言い方で伝えたりもしています。

通常よく言われているグラウンディングは、地球に根をはって生きる、というようなとらえ方かと思いますが、地球上というのは、みなさんもお察しの通り、かなりの割合がいまだにストレスでできています。

そんなまだまだストレスフルな地球に、少しでも、あるいは全身全霊でグラウンディングして合わせてしまったら、その地球に渦巻くストレスを、身体にすべて受けとめることにもなりかねません。

敏感な人なら即死しかねない、危険な行為なのです。

宇宙にグラウンディングするというのは、まず地球を、地球としてとらえません。地球を宇宙としてとらえます。

地球は宇宙の中にあって、宇宙そのものといえるからです。それは理屈でもわかりますよね。

なので、まずは地球は宇宙そのものだ、という、当たり前だけど、あまり気づかれていない認識が必要になります。

そして、それがほんとに認識し実感できたとしたら、地球上でどこにいようと、何をしていようと、宇宙にいる、という実感を得られるようになります。

たった今、自分がいるここは、宇宙そのものであり、そこにいる自分自身も、宇宙そのものだ、ということになります。

その実感があるうえで、地球の中心を感じていくと、そこに地球の高純度な叡智を司るコンピュータがあり、そこにつながりやすくなります。

地球上で、愛をつかって愛のバイブレーションで生きていくことが、考えずとも、できるようになっていきます。

ぼく自身でいえば、宇宙マッサージがどんどんクチコミで広がり、13年間で10万人近くの、あらゆる業種や立場や、家や、海外や、山や湖、牧場に、動物に植物にビルに磐座《いわくら》にと、あらゆる森羅万象にしていくようになりました。

また地球の中枢のコンピュータとつながる実感をさらに集中して深められるのが沖縄だ、というのを2019年に何ヶ所かのウタキを巡ることで直感し、今、沖縄に移住までするようになったのだ、ということも感じて、納得しています。

コロナ禍の沖縄移住は、不思議なほど、抗《あらが》えないような状況が起き続けて、急展開で決まっていったのです。

★遠隔宇宙マッサージ

２０２０年コロナ禍になって、遠隔宇宙マッサージが本格的にはじまりました。２０１９年までは、東京や大阪など、宇宙タイミングで近くにいる人にしかなかなか宇宙マッサージをすることができなかったのが、

日本（47都道府県、利尻島～佐渡島～伊豆諸島～小笠原父島母島～与那国島のたくさんの離島ｅｔｃ）
オランダ（アムステルダム）
オーストラリア（クィーンズランド、メルボルン、シドニー、タスマニアｅｔｃ）
タイ
アメリカ各地（ニューヨーク、ブルックリン、オアフ、ハワイ、カウアイ、マウイ、ベンド、ミシガン、ニューメキシコ、ボストン、アラスカ、シア

トル、ペンシルバニア、サンフランシスコ、ホワイトハウス、ロスアンゼルスｅｔｃ）
シンガポール
ベトナム（ハノイｅｔｃ）
船の上
イタリア（ミラノ、ベネチア、ロッカルベーニャー、ベローナｅｔｃ）
イスラエル
イギリス（ノーフォーク、ロンドン、オックスフォード、ウェリントンカレッジ、リバプール、ストラウドｅｔｃ）
ニュージーランド（カイアポイｅｔｃ）
ベルギー（ブリュッセルｅｔｃ）
カナダ（ウィスラー、バンクーバーｅｔｃ）
インド
フィリピン（セブ島ｅｔｃ）

フィンランド（ヘルシンキｅｔｃ）

インドネシア（バリｅｔｃ）

アメリカへの飛行機の中から

スペースＸのロケットに乗る友人の野口さんに、との依頼

韓国（ソウルｅｔｃ）

ドイツ（ミュンヘン、デュッセルドルフ、ベルリン、ザクセンｅｔｃ）

ブラジル（サンパウロ、コチアｅｔｃ）

香港

スイス（チューリッヒ）

トルコ（カッパドキア）

フランス（シャルトル、パリ、カンヌ、ニース、ストラスブールｅｔｃ）

マレーシア（クアラルンプール、セランゴール）

アラブ首長国連邦（ドバイ）

台湾（台北）
パナマ共和国（パナマシティ・パイティージャ地区）
カンボジア（クラチェ州）
地球そのものに
宇宙に

など、ありとあらゆる地上の場所から遠隔宇宙マッサージの依頼がきました。

この遠隔の流れも、これまで以上に宇宙やシャンバラと直につながる方向にいくしか地上での人生はない、というような不退転の意識に自動的にさせられるかのように、沖縄にくることが、あらゆる意味で設定されていたとしか思えないほどの、大いなる方違えのような、宇宙タイミングでした。

２０２３年８月以降、安須森《あむすい》や垣花《かきのはな》ヒージャーや久高島やクバの御嶽《うたき》など、沖縄の中でも地球の中枢のコンピュータ、シャンバラに強くつながれるウタキに、お礼参りをするように、移住する直前に行ったポイントを、ひとつずつ、直感的に、今だと感じた宇宙タイミングで、家を飛び出すように、久しぶりに体感しにいきました。

４年を経た、それらの地は、シャンバラとのゆるぎないつながりを濃く深くおおらかに感じ、当時感じた衝撃ではなく、微動だにしないような、ゆるぎない安心感がありました。

その感触は、次のフェーズに向かうのをハッキリと自覚させられるもので、この改訂版も、今の宇宙タイミングなら書けると感じ、引き受けました。

その感触を言葉にすると、

「地球の全生命、宇宙の全生命が、心と体と頭、全身全霊、全知全能と一体になり、守られ、正しい道を示され、アップグレードされていきます」という心境がしっくりくるような感覚で、今、地球を過ごし始めています。

★富士山に気を使わせてしまっている

スピリチュアルにハマっていく人がよくおちいるのは、地球のために何かをしなければならない、火山の噴火を止めなければならない、津波や地震を抑えなければならない、といったような人間や地球を救おうとする、人間や地球基準のエゴの活動です。

しかし、それは実は地球にとっても、人間にとっても、とても余計なお世話だと感じています。富士山も、噴火するという話が絶えませんが、地球人（日本人）が気を使いあってストレスフルでいるかぎり、気持ちよく噴火できないのだと思います。

地球人が愛をつかいあえれば、死ぬことへの恐怖や執着などからも解放され、いつ死んでも悔いのないように生きられるようになってゆきます。

そうすれば、噴火は地球自身の解放や遊びである自然現象なのですから、気持ちよく自由にのびのびと心置きなく噴火できます。

人間が富士山に気を使わせてしまっているのです。

ポールシフトなども、地球のシステム上避けられるものではないのですから、肉体や地球のストレスから解放されると思って、祝福しましょう。

こういった感覚は、もともと持っていますが、これからの地球では、より大事になってくる視点だと感じています。

★気を使わずに愛をつかう

転んだり、つまずいたり、傷ついたり、傷つけたりしながら、愛のバイブレーションが深まっていく存在に自分自身がなって、地球上でエゴや気を使わずに、愛をつかうようになる。

それだけで地球に特別な何かをしようとしなくても、地球は自ずと、治ったり、救われたり、助かったりします。

地球は地球で、することをしていくので、人間が地球の心配をするなどは、お門違いともいえます。

地球は心配しなくても、ちゃんと人類をみているし、感じているし、自分のするべきことを、自然にしています。

宇宙も宇宙のことをしているから、あらゆる生命が、それぞれで自然体でいようね、おたがいに距離感も感じあいながら、仲良くしたりもしようね、というのが心地いいです。

もしかしたら、愛の存在になるだなんて、かなり高度で難しいことのように感じられるかもしれませんが、これまでも、傷つけ、傷つきあいながら、敵味方、戦いあいながらも、その、あらゆるすべての人生の中でしか生まれない愛を、そのドラマやストーリーの中でたっぷり人間は、その役を担当してきています。

そんな地球ならではの愛のあり方を経て、自ずと人類は、これまでよりも深く大きく愛の存在になっています。

一人一人が地球を超えて、宇宙も超えて、欠かせない愛の存在に、いつの時代もなれているのです。

これまでの地球の、この時代の人類の役割は自然に終わります。

悲しみでさえも、魂を深く大きく成長させています。

この時代を選んで、生きれた人たちは、ドラマチックでゲームのような世界を満喫して、魂が深まる幸せを、それぞれの境地の中で享受できたのだと思います。

まだ移り変わりまったただ中の残り香のように、社会の多くでは、気をつかうのが礼儀とされ、気を使えない人を「空気が読めない」とか「生意気」といった感じで、自分たちのストレスを吐き出すかのように、さげすむような社会環境が、地球の多くに、あるでしょう。

気を使い合うというのは、強度のストレスを生みあい、必ず疲れ果ててしまいます。

時代の転換点という側面からしても、未来に進むほど、一瞬一瞬、気を使う違和感が、よりストレスが倍増していく感覚に陥ってしまう方も、過渡期ならではのこととして、増えているのだと思います。


沖縄に直接宇宙マッサージしにいらっしゃる方々は、遠路はるばるいらしていただくことも多く、時間のゆるすかぎり、お話をさせていただいておりますが、そんな転換期の地球の、地上ならではの、ストレスの狭間にいながら、人生の岐路に悩まれている方が、多くいらしてる印象を、感じています。

特に20歳前後の方々で、宇宙マッサージにいらっしゃる方が増えている気がします。

きっと過渡期ということも相まって、魂と社会のギャップに大変な思いをされてもいるのでしょう。

「愛をつかう」「宇宙タイミングをつかう」というのは、あらゆるシチュエーションでストレスを最小限にし、なるべく生みださない方法を見極め、実現していく行為です。

「気を使わずに愛をつかう」だけで、地球上のストレスは激減するでしょう。

地球での愛がブラッシュアップされていくこの先の未来にとって「気を使わずに愛をつかう」は、人間にとっても、地球にとっても、宇宙にとっても、最大級に必要になっていくスタンスだと感じています。

★スピハラ

黄色い本を書いた当時、スピリチュアルを仕事にする方々で多く見うけられたのが、聞いてもいないのに「大変だったわね～」と土足で踏み込んできて勝手に心配してきたり、初対面なのに無断で身体に触ってきて治そうとしたり、相手がひとつも共感できないことを、決めつけて話してきたり、恐怖や心配を増幅させるようなことを告げたり、といった「スピリチュアルハラスメント」

ともいうべき行為をする方たちでした。

ぼく自身、今現在はそういった界隈を極力避けてきているので、そういう方々と個人的に会う機会はほぼありません。

スピリチュアルを生業《なりわい》とする方々が現状どうなっているのかはわかりませんが、興味がでて関わりをもとうとするならば、スピハラな人か団体かコミュニティかどうか、初見で見極めるのは絶対大事です。

★気を使えば即死

このスピハラは当時の知り合いがつくった造語ですが、6、7年前に聞いた時は、見事にスピリチュアルな人たちを言い表していて、的を射ているなと感心してしまいました。

宗教や会社などの組織にも、多かれ少なかれこのような状況はある気がしますが、愛をつかいあえる関係になれないなと感じたら「気を使えば即死」を思い出して、即効で距離をとりましょう。

この先の地球では、宗教や会社などから解放され、支配や、依存や所属する立場にポジショニングしないことが、より一層大事になっていくでしょう。

その準備に、この本をお役立てください。

個人個人が自立し、それぞれのパラレルを楽しみ、自由自在に、あらゆる世界や次元間を、交流していくのが自然になるのを楽しみましょう。

★宇宙の外はお見通し

「神様はお見通し」というのは、本音と建前などの、心の内と外が違っているのも、神様はみているよ、どんな悪事も、どんないいことも、一挙手一投足を見ているよ、というような言葉ですが、この先の未来ではよりアップグレードされた「愛はお見通し」「地球はお見通し」「宇宙はお見通し」「宇宙の外はお見通し」などになり、善悪を超えた、「本当をみるお見通し」として、今後さらに、とても大事になってくる視点だと感じています。

ストレスを感じた不満や愚痴《ぐち》などを自分の中で呪文のように唱えつづけたり、自分の意志に沿って素直に発言したり行動したりできない環境にいたりしつづけると、それはすべて細胞や神経や脳や骨が、無意識に感じて、吸収して、自分自身に真っ先にダウンロードされ、やがては病気になったり、人生を重くし、暗く停滞させていったりします。

自分の中なら誰も聞いていないと思って、思う存分、人の悪口とか文句を言ったりしていると、愛や地球や宇宙や宇宙の外はすべて聞いたり、見ています。

当人は宇宙の外が聞いているとは思ってもいないのですから、無意識のうちに誰にも聞かれないように自分の中で、周囲の人や時代や社会のせいにして、本来流れるはずの愛のエネルギーをネガティヴで蓋《ふた》をし、愛や地球や宇宙や宇宙の外との太いパイプを狭めて、人生や自分自身の幹を、自分で細くしてしまうのです。

知らず知らずネガティヴが溜まっていった先で、愛や地球や宇宙や宇宙の外や自分自身とも、波長が合わなくなります。

逆にいうと、人生が空回りしたり、停滞したり、病気がちになっている人は、考え方や視点を切り替えたり、断捨離したりする宇宙タイミングが来ているというサインです。

「愛をつかう」「宇宙タイミングをつかう」ということは、宇宙の外のガン見を意識し、閉じてしまった蓋を開いて、愛や地球や宇宙や宇宙の外に見える化していくことでもありますから、当初はいろんな問題に打ちのめされることもあるでしょうけれど、それと同時に多くのストレスが痛みとともに解放されてゆき、愛も地球も宇宙も宇宙の外も、懐深く付き合ってくれます。

その感覚を試しに生きてみて、自分自身が率先して、おしみなく愛をつかうのが気持ちよくなってきたら、無限にあらゆるモノやコトと、ストレスフリーで、通じあう感覚も、わかるようになります。

愛はどれだけつかっても疲れない、つかえばつかうほど湧きあがる、という性質があるのですから、つかわないのは、宝の持ち腐れでもったいないのです。

第6章

宇宙タイミングのつかい方

★宇宙タイミングは十人十色

人間の意識というのは本来、コンピュータよりも高性能で、自分がこうありたいという設定さえすれば自動的に、宇宙や地球と連動して処理をするようになっています。

たとえば「愛をつかう」ということを、できたらいいな！と自然に感じて、力を抜いて純粋に設定すると、自動的に宇宙や地球と連動して、その人が、楽に愛をつかえるようになる環境にするべく、現実に様々な問題が起こりはじめます。

現状の精神や肉体や気持ちなどが、すべて反映されたうえで処理されていきますので、試練がいっぱい訪れる人もいれば、すんなり望むポジショニングをとれる人もいる、様々に、宇宙タイミングは十人十色です。

★宇宙タイミングは設定次第

たとえば「頑張ってやる！」とか、「真面目にするぞ！」とか、力んでしまう設定が無意識にでも入ってしまっていると、その設計通りの現実が展開して、空回りすることも起きてくるでしょう。

そこから、また現実をよく観察しつつ、設定をアップデートしていけば、また新たな「愛をつかう」「宇宙タイミングをつかう」に至る、その人にとっての現実が現れていきます。

リラックスして、幸せになって、いろんなことが潤って、宇宙タイミングですべてが起きていく、みたいに設定すると、調整のための荒波もくるかとは思いますが、その現実に力んだり緊張したりしている自分に気がつきやすくなって、リラックスしようと身体をゆるめたりする意識が芽生えはじめます。

設定をメモしたりして、忘れてるなと見返して思い出せば、身構えてたなとか、力を抜くんだったとか、リラックスして問題に関われるようになります。

自分がそのメモよりアップグレードして、ちょっと今の自分と違和感があるなら、その場で書き換えれば、また新たな初期設定として、起動します。

それをつづけていけば、これまでと違う未来が、かならず現れつづけるはずです。

もしかしたらそれは、微妙な見分けのつかないほどの未来の違いかもしれないけれど、設定することで、現実を丁寧に感じられるようになっていき、その設定に対して少しずつでも信頼が増し、アップグレードしていこうという気持ちも、増えていきます。

設定が日々、生きているだけで動いていくので、アップデートやアップグレードが、「日常を生きるだけで自然と追加されていく感覚」にも、気がついて、慣れていくはずです。設定の際の純度や意識の質によって、起きる現実が変わり、縁も変わります。

地球上に生きている意味が、ますますとてもわかりやすくなってきて、地球のことも、宇宙のことも、自分のことも好きになれます。

★宇宙タイミングは安心が増える

たとえば「宇宙タイミングをつかう」という設定をして、すべての現実が宇宙タイミングでできていると認識できていくと、どんどん縁や流れが不思議なくらいシンクロするようになります。

すべてがしかるべきタイミングで必要に応じて起きていることが、手に取るように自覚できていくので、起きてしまったことや、未来に対して、焦ったり不安になったり、ネガティヴに思ってしまうことも、自ずと少なくなり、安心が増えていきます。

宇宙タイミングは偶然とかラッキーではなく、自分が主体的に起こせることで、宇宙や地球がとても喜び、祝福の瞬間が現れつづけるということを、実感できていくはずです。

★宇宙タイミングは愛のスタンス

たった今、この瞬間瞬間を自分で作っているというのを、心と体と頭が同時に、いっしょに感じられると、とても生きるモチベーションがあがって、幸せを実感できるようになるでしょう。

それが愛や地球や宇宙や宇宙の外とつながっているフリーエネルギーの状態、宇宙タイミングの状態です。

さらに身体の松果体とチャクラといわれる機能を効率的に使えるようになっていくと、宇宙タイミングは加速度的に、高速かつ精密かつゆったりの、愛のスタンスになります。

★松果体の感じ方

松果体やチャクラの機能を使うといわれても、ヨガをやっているような人でないとピンとこないかもしれませんが、使えるようになるコツとしてぼくがよく言うのは、五感を使って感覚をつかむということです。

たとえば耳をふさぐと、物音が聞こえなくなります。しばらくそのままにして、再び開けると、さきほどよりも耳が鋭敏に物音をキャッチするのが感じられると思います。

子どもの頃とか、遊びでやったことがある方もいると思います。

五感は他にも目、口、鼻と穴がわかりやすく空いていて、松果体に通じるように松果体の周りに配置されているので、松果体につながっているのを意識して、それぞれ自分のお好みの穴を手を使ってふさいで、見ざる言わざる聞かざるをしてから、開けるというのをやってみると、五感が開通するのを肌感覚でわかるようになってくるかと思います。

その遊びのあとに、人類の中枢のコンピュータである松果体に、五感を使って、無限に深い深呼吸をしながらふさいだり開いたりしてみて、いろんなバリエーションの深呼吸を試してみるのも、効果的かもしれません。

その際に大事なのは、修行だと思わないことです。楽しんでワクワクしながら、遊んでみてください。

ぼくは、宇宙マッサージが始まる前に、チャクラ含め、ギャグみたいにこれをやっていたので、友人などがやりたいと言うので教えると、全員爆笑していました。恥部だと思っても、恥ずかしい中でも、全身全霊でやるのが面白いし、笑えます。

辛いのであれば、きっとその宇宙タイミングで向いている他の方法があるはずです。

★チャクラの感じ方

チャクラは、身体に7個あるといわれている穴で、人間を前後から貫通するようにあります。

ただ、五感のように物質的には開いていないので、知らない方はにわかに信じられない、あるいは、知っていてもよくわからないという方も多いかと思います。

ネットでチャクラを検索して、部位をチェックしてみてください。

わかりやすい五感の穴で、まず松果体（第6チャクラ）の感覚をつかみ、他のチャクラの部位の穴も7個同じように空いている、というヴィジョンで、深呼吸を無限に吸いながら手でさするようにふさいで、全身全霊で手を開きながら一瞬ですべて吐く、ということをしてみると、チャクラがある感覚を実感として感じられてくるかもしれません。

これを本気でやると、持ちギャグにできるはずです。

瞬間と身体の一体感も、感じられてくるはずです。

★愛を感じられる時だけ自分自身とむき合える

地球に産まれてからの人生で現実があまりにも受け入れられず、辛すぎたり、トラウマなどをしまい込んできてしまった場合、それら溜め込んだものを真正面から見つめるなんてとんでもない苦痛だし、人にも話せないで、抱えてしまっている人も多いでしょう。

そして、無意識に自分で忘れ去ろうとしていたり、しまい込んでしまったようなことが、現実の行動に多大なる影響をおよぼしていることが多々あったりもします。

前世から引きずってきてしまったことなども含め、それらには今さら直面や直視をしたくないことだったりしますが、そんな時に、愛というエネルギーが大量に身体の中に入ってきたとしたら、辛すぎて見たくなかった現実に、向かい合う気持ちが自動的に湧きあがってきたりします。

そして身体の中からその苦痛を宇宙へと解放できたりします。そういうことが宇宙マッサージ中や、その翌朝、数日後などに実際に起きて、愛のバイブレーションの効能を、思考ではなく身体で実感できたという体験談を、多くの人から聞きます。

その、愛を大量に体感する技術が、すこしずつでも、松果体やチャクラを感じられるようになりながら、地球や宇宙や宇宙の外や人からも、実感できていけばと思います。

★宇宙タイミングは無理しなくていい

福岡の方で、産まれたばかりの子どもが亡くなってしまい、その後何十年も納得できなくて、いろんなカウンセリングやヒーリングを受けても腑に落ちなかったそうです。その方が、30分宇宙マッサージを受けたあと、あれは「宇宙から借りた命を、宇宙に返しただけなんだ」と、初めて納得できたと言って「これまでのカウンセリングやヒーリングはなんだったの」と、解放されたことに喜んで泣いてくれました。

その解放に言葉は一切つかっていません。愛と宇宙タイミングだけで、言葉を交わさなくても、解きほぐせるのです。

むしろ、言葉で気持ちや心を伝えあい、人と人がわかり合うことは根本的に不可能なので、スピハラになる確率が高いです。

変に仲良くしなくても、相手をわかったようなことを伝えなくても、わかり合おうとしなくても、いつでも、人間関係に無理しなければ、必要な魂同士が出逢ったりする宇宙タイミングが、すべての生命に、インプットされています。ひとつも焦る必要はありません。

また、自分自身を心地よく感じていられれば、自ずと一番心地いい環境が、現実に現れます。

第7章

宇宙タイミングに至る人生
～母の愛～

★父が何者なのかわからない

ぼくは父「剛」と母「早子」のお見合い結婚によって静岡で産まれました。

父は仲間と立ちあげた測量の会社が倒産したあと、親戚の水道の配管工事などをする会社に入社し、遠方への出張が多く、ほとんど家にいなかったようです。

母はあまりに家に一人なので、山中湖の仕事場にぼくがお腹にいる時、思いたって会いにいったことがあったようです。

憶《おぼ》えているのは山中湖畔のレストランでご飯を一緒に食べて、帰ったこと。そうこうしてるうちに、ぼくは産まれてしまい、母が子育てに没頭するまっただ中、父はほぼ家に居ず、ぼくの2歳の誕生日に、久能山に3人で登ったのが、家族の外出の最後になり、父は急に二人の前から姿を消します。

母が家族に関して記憶しているのは、そんな他愛のない些細な2度の外出くらいだそうです。

父の死因は十二指腸潰瘍の手術の失敗と聞かされて育ちましたが、数十年経ってから父のひとつ上の兄に聞かされた事実は、術後ほどなくして、誰かにすすめられて屋上に太陽を浴びにいこうとして階段で転び、お腹を強打して、その衝撃で十二指腸が裂けて、亡くなったということでした。

その光景は、手術の失敗というどこかロマンティックな悲劇よりも、段違いに悲惨で、コミカルで、リアルな寸劇を聞いてしまった気がして、正直とてもショックでした。

父に関することで、初めて感情を動かされ、笑わされたと同時に、涙腺を刺激されました。

父は誰に聞いても、無上に優しくて、愛される存在だったようです。

母は、お見合い×父の仕事が忙しい×３歳までの育児まっただ中に父が亡くなってしまったから、父がどんな人だったのかをほとんど知りません。

半年はショックで何も手につかなかったようです。たまに母に会うと、どんな人だったか聞いてみたことがありましたが、高校の時、指揮者をしていたとか、新婚旅行で北海道にいって登別からの電車待ちの間に石狩鍋を食べたとか、チラホラ記憶はよみがえるのですが「ほとんどわからないのよね」と答えるばかりでした。

父は仕事で沖縄の海洋博にも来ていて、母は珊瑚のアクセサリーをプレゼントしてもらったようです。

★子どものペースに合わせない母

母は子どもの頃から視力が弱く、「ビンの底のようなメガネをしていた」というのをよく聞いていました。

コンタクトレンズが初めて世に出回った小学生の頃にはいち早く付けていて、1回グラウンドに落としてしまったのを、全校生徒で探し回ったこともあったようです。

大人になっても車をギリギリ運転できる程度の視力しかありませんでした。

今ではレーザー治療でだいぶ視力はあがったものの、片目は失明しています。

そしてこの改訂版を書く6年くらいの間に、交通事故も何度か起こしてしまい、ようやく去年、免許を返納しました。

そんな、視力のあまりない人生なので、人との交流がそれほど上手ではないように思います。

そんな環境下だから、おのずと目移りなく独自のゆるぎないスタンスを確立してこれたのではないかと思います。

それを象徴するエピソードとして、ぼくが幼稚園児の頃、一緒に買い物に出かけると、母は子どものペースに一切合わせないので、ぼくはだんだん引き離されて、だいたい迷子になっていたり、走って追いかけてばかりいた記憶が強く残っています。その合わせない「気を使わない」感じは、今のぼくにも同じようにある気がしています。

最近実家に帰った時に、子どもの頃よく行っていた川に母と出かけ、後を追うと、もうとっくに川辺の階段の下に居たのには「さすが早子さん！」と思うほど、幼い頃を思い出させるものがありました。

早子さんにも、ぼくにも、みなさんにも生まれ持った性質というのがあるとして、それぞれが生きやすい宇宙タイミングのスタンスやマイペースが、必ずあると思います。

気を使って、自分自身を殺してしまう感覚がある方は、気を使わない瞬間をなるべく意識してつくってみると、実は気を使わないほうが、結果周りの人にとっても、いい効果や流れが現れる可能性が大いにあると、感じています。

これは、意識の自立という大事な要素に関係することだと思います。

★3歳で意識が自立

3歳の頃は母方の長谷川家の実家近くのアパートに住んでいました。そこは清水の次郎長の流れのヤクザが経営する映画館の跡地にあるアパートで、母は子どもの頃こっそり映画館の窓の外から映画を観ていたのだそうです。

たまにカラオケ大会などが開催された時に、隠れていた所から突然舞台のマイクの前に走っていって、立って歌ってしまったことがあったと話してくれたこともありました。

父が亡くなってからは、白井家とほとんど顔を合わせることもなく、父のお墓と先祖代々のお墓にセットで行く以外は、お正月にすこし本家に顔をだすくらいで、疎遠になっていました。

ぼくは、３歳くらいから、母方の祖父母にあずけられて、母は昼間は仕事、夜は調理師学校に通う生活が始まりました。

朝はぼくが寝てる間に仕事に出かけ、夕方一瞬、帰って来て、またすぐ出かけ、ぼくが寝たあとに家に戻るので、その夕方の一瞬が、唯一母に会うタイミングでした。

だから調理師学校にむかうバスを見送りに、祖母とバス停まで行くと、バスにしがみついて、泣きじゃくって、なかなか離そうとせず、時には母に学校を休ませたりもしました。そのせいで、2年で卒業のところを半年長く通わせてしまったようです。しかし、その3～5歳の時までに父と母から運命的に引き離されたことで、その後の意識の自立が急速に進んだのではないかと、今は強く感じています。ぼくは母のことを「お母さん」と呼んだことがなく、早子さんと呼んでいます。

この意識の自立が早かったことが、宇宙タイミングを感じとる能力がより強まったり、宇宙マッサージなどの確立にも、とても役立ったのではと思っています。

★魂の方から現実をみる

しかし、実は、あらゆる人類の節目節目の宇宙タイミングは、もともとプログラミングされていると感じています。

より、その人の魂の本質が、磨かれ、のびる環境に、宇宙から自ら選んで地球を訪れ、遅かれ早かれ、気づかないままでも、どんな人生を歩もうとも、深まっていくのだと感じます。

だから、究極に落ちこんでいたり鬱《うつ》だったとしても、それを経験すると現れる、自分に必要な今や未来が、かならずあると断言できます。

魂の方から、現実をみるクセをつけていくと、ショックなことや、びっくりするようなことでも、宇宙タイミングをつかい、読み取れる速度があがっていくと思います。

★理想的な家族像がない

家族という、当たり前にある集合体がぼくには、あらかじめありませんでした。

今も、家族はこうあるべきというような理想はありません。

ただ、沖縄に移住し、再婚していく流れのなかで、地球でしか味わうことができないであろう「家族」を意識する未来の一瞬を、松果体で視てしまい、地球でしかできない経験に向けて進んでみました。

その中で安心を発見したり、うれしい心地を味わうこともできました。

その都度の宇宙タイミングの中で、進む方向を直感しながら、今、人生を決めれば、今から、始まる人生があります。

人生は常に自由で、どう転ぼうとも、たとえ悲しいことがあろうとも、各々にとって、意味があるし、誰かのために犠牲になることは、決して美徳ではないと思います。

世間体や綺麗事におさまろうとせず、幸せを感じる瞬間を増やしていくことが、今後の地球や宇宙や人にとって、最重要なテーマになっていくでしょう。

★愛と結婚

母に父のことをあらためて聞いたときに、父も1歳半の時に父を喪《うしな》っていて、2代にわたって父不在の家系だったことがわかりました。

やはり父性的な社会常識にはまらず、「愛をつかう」や「宇宙タイミング」を発見していくのに、とっても好環境な人生が用意されていたことになります。

この先の未来では、家族という単位や結婚という単位が、かならずしも必要ではなくなる可能性が高いと感じていますし、だからこそ、いま、家族をお持ちの方々は、その経験は、今しかできないかけがえのないものとして、味わいつつ、もし辛い思いをされている方がいらっしゃるなら、自分を犠牲にする必要はまったくないと、お伝えしておきたいです。

この出生は、家族や結婚という、地球人にとって、もっとも気を使いあう原因にもなっているシステムから、地球に来てすぐに、早い段階で解放されていたという点において、未来の地球での自分自身にとっても、極めて多大なる深い影響をもたらしているのは間違いありません。

時代的にも、家族といえど人権侵害を感じてもいい機運があり、家族の中でも、人権問題という言葉が通用しだしているはずですので、「愛をつかう」実践をする意味でも、心置きなく「宇宙タイミング」をつかい、気を使わない距離感を、家族ともどども、選択してもいいと感じています。

★愛と下ネタ

２０１９年には、本当は、性の絵本を書こうと思っていました。あるイラストレーターさんと共同でやろうとしていました。

性が未来でまったく違う概念になりうると感じていたし、地球の家族像というのが、これまでの人生でほとんどピンと来ていなくて、愛し合うという意味でも、大事な要素として、ベールに包まれがちなジャンルだなあと感じていたからです。

愛をつかいあえる性というのは、家族だからといって常に成立するのは難かしいです。とても繊細な心を感じあう必要も生まれてきます。

ほんのすこしの、いき違いによって、溝を埋めあえる間合いがなくなり、気を使いあったり、義務感などが生まれて、幸せなはずの、「ただただ愛しあう」ということが失われていきます。

そこでは、本当の優しくしあえる心は、ブラックホールの彼方に消えていきかねません。

とても難しいけれど、とても大事なポイントである性のことを、いずれちゃんと書ける日がくるといいなと思います。

★母が予言した父の死

出生に関することでもう一つ言っておきたい奇妙なことがあります。母はぼくが産まれた時、お寺の住職さんが「名前をつけましょうか」というのを断り、剛の歴史を生きるという意味を込めて、「剛史」と自分で名付けたのだそうです。まるで剛の死を予言していたかのようです。

父にも32歳までの人生があったでしょうけれど、母とぼくにとっては、父は、ぼくを宇宙から地球に送りこむ仕事だけをして、地球での仕事をぼくと交替するかのように、誰だかわからないまま、宇宙に帰ってしまった人でした。

ほとんど意識してこなかった父の存在でしたが、これまでの生涯で一番、毎日意識しているかもしれません。

父や誠二さんに毎朝、お水を替えながら、お祈りをし、見守っていてくださいと、1日のはじまりに、お伝えしています。

毎朝、お祈りをしながら対峙することで、剛の歴史を無意識にも生きてしまっているかもしれない距離感を見直し、よりぼく自身の人生を、さらに生きていけるよう、アップグレードしていっているのを感じます。

それと同時に、父を一人の人格として、これまでより、確かに、身近に、感じていると思います。

父というバイブスを、より意識して、生命体として認識し、父から自立していることを、より実感し、深める日々を重ねています。

★父は小鳥

母は、縁側に座っていたら赤ちゃんの小鳥が落ちてきたり、電気修理で呼んだ人が、車で運転していたら落ちていたといって、小鳥をあずけていったりすることがたて続けにあって以来、小鳥は父ではないかと思っているそうです。

小鳥が庭の金柑《きんかん》の実を食べに来て、樹の枝にとまり、フンをして、そのフンに紛れていた種子から、南天や万両や見知らぬ樹木が、庭に芽生えて、縁側の窓の外に絵画のように成長していくのを、父からの贈り物のように、大事に育てています。

実家に帰るたびに、母が丁寧に畑や庭を造る姿や、食卓に新鮮な野菜をかならず使っているのを食べたりしていると、大きく見守る贈り物のような木が近くにあって、すこし畑もできるような、樹々や動物や鳥が自然に過ごしている土地に、宇宙タイミングが感じられる出会いがあれば、住んでみたいなと、強く感じている自分がいます。

それが自分を豊かにしてくれるすばらしいヴィジョンだと、一瞬でも十全に感じたら、現実にかならず現れます。

そのヴィジョンが現れるまで、あわてることはありません。

現れなければ、必要ないということです。

★不動産の波動調整

母は、ぼくが確か中学生くらいの頃、給食のおばちゃんをしながら、古庄の白井家の実家の土地を、父が亡くなってすぐにゆずりうけて、家賃収入を得るためにアパートを建てました。

よく父や白井家のお墓参りとセットで、アパートの掃除につきあいましたが、しばらく誰も入らなくて部屋が空いている時に、ぼくを連れていくと、直後にその部屋が埋まるということが起きていました。

その後、東京に住んでからも、電話で部屋と場所を聞いて、遠隔で波動調整をすると、不思議とすぐに埋まるということもありました。

まだ宇宙マッサージはしていませんでしたが、母も何か目に見えないエネルギーを直感して、ぼくに依頼していたのかもしれません。

家や物や、時には近所の山や湖を宇宙マッサージしてほしいという依頼は、今は仕事のひとつになっていますが、中学生の頃から、母の不動産を通して実践しているので、何のためらいも躊躇もなく、遠隔でも直接でも、宇宙マッサージができています。

第8章

宇宙タイミングのDNA

★仙人に教わった鍛治屋の祖父

育ての親でもある祖父は、徳川家康がお墓として決めた場所、久能山《くのうざん》の、鍛治屋の家で生まれ育ち、祖母も久能山の出身です。祖父のおじいちゃんにあたる人が山で仙人のように暮らしているのに憧れて、仙人のおじいちゃんが住んでいた、今の山のあたりに海から移り住みました。

ぼくの実家の但沼《ただぬま》のあたりは、高品質なお茶や、日本一の筍《たけのこ》が採れたり、鮎釣りで有名な興津《おきつ》川がそばを流れていて、宮内庁には認められていませんが日本書紀を編纂《へんさん》したと言われている舎人《とねり》親王の御陵があります。

江戸時代には、避暑地であり、天領でもあったと聞く、バイブレーションがとても美しい土地です。

★3歳で鍛冶屋の祖父と一緒に行動する

祖父にあずけられた3歳の頃から、祖父が火で真っ赤になった鉄を叩いて、焼けた砂鉄が紅く美しく舞って、空中で黒く、醒めていく様子などを、ずっとくっついて回って、間近で見ていました。

祖父は、仙人のおじいちゃんに教わったのか、釣りや猟や将棋も名人で、いろんな人が遠方から教えてもらいに来ていました。

きっと、すべてに通じる極意のようなものを、祖父は仙人のおじいちゃんから体得していたのだと思いますが、子どもながらに、たたずまいがカッコイイなと感じていました。

ただ、祖父がぼくのいとこに釣りを教えたら、いとこは勉強もせずに釣りばかりするようになってしまったので、ぼくには挟み将棋くらいしか教えてくれませんでした（そのいとこは釣りのセミプロになっています）。

一度だけ、小学校を休んで、おじいちゃんと鮎釣りの解禁日に釣りをしに行ったことがありましたが、ちょっとコツを見せてくれた通りにしてみると、次から次へと鮎が釣れました。

一緒に立ちションしたり、毎日一緒に過ごすことで、とても大きなことを得ていたのだと思います。

★極意は一緒に過ごすだけで体得できる

宇宙マッサージは、ほとんどしゃべらずにやりますが、なるべく言葉よりも体感で得られることを感じとっていただく方法をとっています。

自分の身体で感じたことを日常の中で、自分自身の主体で、観察したり認識していくことで、思考で勉強して理解するよりも、桁違いの情報量を得られると感じているからです。

宇宙や地球と直結していくように、宇宙マッサージをするので、宇宙タイミングが起きやすい身体を、体感していただけると感じています。

それは若い頃のおじいちゃんもそうでしたでしょうし、幼い頃のぼくもそうだったと感じています。

何か極意がわかるようになるには、一緒に過ごして理屈ではない感覚やたたずまいを感じることが何より早く、深いのです。

★自転車よりも三輪車が好き

祖母は、ぼくが3歳の頃、三輪車で家から遠く離れた吊り橋や、危険な国道なども1人で平気で走っていってしまうので、いつも探しまわってくれていたようです。

三輪車は自転車と違って後ろ向きにも走れるので、みんなが自転車に移行していく中、自転車に乗るのを拒否して、小学生になっても、しばらく三輪車で、一人通していました。

自転車で追い抜かれようが、三輪車の魅力にはかないませんでした。

子どもがとことんやりたいことを、大人は見守ってあげるのが、いいと思っています。

どんな些細なことでも、無限にやりたくなるようなことは、その後の人生にとって、とんでもない意味を持っていることがあるはずです。

★初めて宇宙マッサージしたのは祖母

祖母に関しては、とてつもなく優しいという印象が残っていますが、ぼくが中学生になった頃は骨の癌になっていて、すこしでも身体を動かすと激痛が走るというような状態で、まったく眠れない日々を送り、母がずっと面倒をみていました。

ある日ぼくが中学校から帰宅した夕方、縁側に座っていた祖母が「足をもんでほしい」と初めて言いました。

ぼくも素直に、祖母のそばにいって足の指をもみだすと、ウトウトと寝息をたてて眠りだしました。

祖母がまったく眠れないと聞いていたので、すぐ寝てしまったのに驚いたのですが、これは今思うと宇宙マッサージをしていたのかもしれません。

ぼくはこの時も、よくなってほしいなどとは一切思っていませんでした。ただ触って、寝てしまったことに驚き、感動していました。

そんな縁側での愛の時空間を突き破るように「たけしー！　ごはんだよー！」という母の大声で祖母は起きてしまい「せっかく寝てたのに」と母を怒ったのをハッキリと覚えています。

骨の癌が原因で亡くなる直前、祖母がその４年前に亡くなっていた祖父の仏壇から風が吹いてくると言っていたそうですが、祖父が亡くなった１日違いの日付で祖母は亡くなったので、きっと祖母も眠れぬ痛みのなかでその日を選び、祖父も安らかな地から連れに来ていたのでしょう。

祖母が亡くなったあと、母が祖母の寝ていたのと同じ場所で寝ていると、やはり仏壇から風が吹いてくると言っていました。

母もさっそく呼ばれていたのかもしれません。

★お墓参りは過渡期

母は長谷川家の実家を引き継ぎ、今も住んでいますが、それもあってか冠婚葬祭的なものに、かならず親戚の中でも唯一すべてに顔をだしています。

そして夫、剛も早くに亡くなっているのでお墓も自分で建て、長谷川、白井両家の祖父母のお墓も、今でもバスや電車を乗り継いで、毎月のように掃除をしに行き、産土《うぶすな》神社である但沼神社にも通っています。

特に先祖代々に敬意を払うことを大事にして生きています。

お墓参りなどが、物理的にも難しくなっている、過渡期の地球で、母はその移り変わりを丁寧に守り通すように、実家やお墓を大事にしてくれています。

第9章

愛タイミング

★宇宙ダッコ

お子さんと宇宙を感じあう方法に、宇宙ダッコがあります。
宇宙に身体をあずけ、自分を手放し、リラックスすることを、日々のあらゆるシチュエーションのなかで、なるべく少しずつでも、意識するようにします。

子どもは、一緒に遊んだり、ダッコしたりする宇宙タイミングで、全身全霊で、親のたたずまいや脱力の状態を感知します。

宇宙ダッコは、幼ければ幼いほど、もともと魂がいた宇宙を思い出して、一緒に無重力感覚を、感じあえます。

★「宇宙〜」をつかう

この無重力感覚は、正直、動物や昆虫や植物や鉱物などの地球の森羅万象も同じなのではないかと感じています。

よく神社などでみかける、重い石を軽くもちあげられれば、願いが叶う的な原理も、これと同じことを言いたいのだと感じています。

宇宙や森羅万象と一体になる意識をもつと、自動的に愛の状態になるのを、感じます。

お子さんとのダッコにかぎらず、パートナーと抱きしめあう時は「宇宙ハグ」、キスするなら「宇宙キス」、深呼吸する時は「宇宙ブレス」など、いろんな「宇宙〜」をいろんなシチュエーションで試してみると、愛の営みの時にも力が抜けて、宇宙のサポートもうけながら、無重力のなか、とけあい愛しあえると思います。

★「愛をつかう」「宇宙タイミングをつかう」極意

だんだん義務感などがでてきて、ルーティーン感が増していくと、愛の営みなども、ストレスを感じだして固くなるので、連鎖して自然と力が入り、ストレスの重力が生じ、場や流れが重くなります。

「愛をつかう」ことによる、無重力感覚は相手との間合いに生まれていきますが、根本的に、自分が脱力していれば、あらゆる相手は、鏡のように力が入らなくなります。

これは極意のひとつでしょう。

その脱力の度合いは身体の中心軸が、どこまで深く高く意識できるかで、無限に、その人次第で、アップグレードすることができます。

意識次第で、下は地球の中枢を中継点に、銀河を超えて宇宙の外まで行けます。

上は大気圏を通り、銀河を超えて宇宙の外まで行けます。

★宇宙タイミングは愛タイミング

その人が、こうありたいという意志次第で、「できる」と思えば、無限に、その先へと、宇宙の外の外の外へでも、どこまでも、行けます。

とはいえ、日々、毎日のストレスルーティーンのなかで、疲れて忘れてしまうことも、また事実ですので、だいぶストレスが増えてきたなと気がついた時に、ふっと、この項目のことが頭をよぎることがあれば、思い出していただくと、いいかもしれません。

そんな時こそ、宇宙タイミングと思い、試してみてください。

これを地球の人類全員が意識できたら、愛タイミングな、愛の地上が現れそうです。

★ストレスもお母さん

子どもに関してもうひとつ、特に3歳くらいまでの赤ちゃんは母親と一心同体なので、赤ちゃんのストレスだけを取り除こうとすると、とても嫌がります。

赤ちゃんにとってはストレスもお母さんそのものなのです。

ストレスを取ることはお母さんと引き離される感覚になり、とても泣き叫びます。

そのことでもわかります通り、親がどういう状態にあるかが、子どもに多大なる影響をおよぼしているのは間違いないです。

ただ、子どもも親のストレスをわかって、親を選んで宇宙から、その環境に来ていますし、子どものために気を使いすぎることはしなくていいと思います。

それよりも、自分自身が、なるべくストレスをなくしたいな、と感じているのなら、その感覚を徹底的に、自分自身が楽に感じ、モヤモヤがスッキリする方法をひとつずつ、宇宙タイミングで、試していけばいいと思います。

第10章

宇宙タイミングの宇宙技術

★暖かい土地でスピードスケート

小学校2年生頃から、母はぼくをスピードスケート少年団に入団させます。静岡の清水の出身なので、スケートをするような土地柄ではないのですが、最初に住んでいた白井家の実家の壁にフィギュアスケートの靴が掛けられていたのを憶えていて、新聞広告に載っていた少年団（女子もいた）募集の記事に直感が働いて連れていったようです。

間違いなく、フィギュアとスピードの違いはわかっていなかったはずです。清水市内にあったヤングランドという遊園地にある室内リンクでしたが、初日からスムーズに滑れて、上級者の子どもたちについてまわっていました。週1で通いながら、しばらくして、三輪車好きだったこともあり、スピードよりもフィギュアのほうが後ろ方向の動きがスムーズで、あっちもいいな、と感じたこともありました。

翌年、小学校3年生の時には、冬合宿に行き、長野の小学生たちのお手本を、なぜか地元の先生から指名されて、させられました。

ぼくはどちらかというと、いつもボーっとしているタイプで、なにも考えずやっていましたが、今思えば不思議な風景です。

そのお手本をうながした先生は、松岡先生といって、スケート指導の伝説の先生だったのが、のちにわかっていきます。

★清水のスケートのコーチはヌーヴェルヴァーグ

清水のスケート少年団のコーチだった方は、無類のＪＡＺＺ好きで、若い頃公道のカーレースをしていたような、ヌーヴェルヴァーグな世界観の、スケートをしたことのない人でした。

運動神経がよかったのを感じてか、サッカー、ラグビー、ヨット、カヌー、スキンダイビング、陸上などのスポーツ全般に参加させられたり、美保の松原の薪能《たきぎのう》や、クラシックコンサートなどにも連れていかれ、スポーツマンとはかけ離れた部分の多いぼくの嗜好を理解していたのか、垣根なく分け隔てなく、カルチャーを経験していきました。

なにがキッカケなのか、英国紳士服の仕立て屋をしながら、ご自分の息子と娘にスピードスケートを教えて、長野の大会で入賞させてしまったような人で、長野スピードスケート界の小・中・高の有力な指導者との縁もなぜかもっていました。

ぼくが小6で一旦辞めて、中3で復帰した時には、長野の高校選抜（のちに世界記録を連発していく人たち）の合宿に、静岡の小さな室内リンクで週1でやっている中学生を、なぜか参加させてしまったりという離れ技ができる、不思議な人でした。

★レジェンド松岡先生

コーチが、ある晩、伝説の松岡先生のご自宅に、ぼくと、母と、もう一人少年団の女の子を連れて、訪ねました。

和室に通されると、松岡先生は最初にジャンケンに勝つ方法を教えてくれました。無限に勝ちつづけられるジャンケンで一通り遊んだあと、松岡先生はノートをだして、真っ白な何も書かれていないページに「これだから」といって「∧」の文字をひとつ書きました。

その晩の記憶はそれだけですが、翌日、松岡先生の指導する小学校のグラウンドに水をまいて凍らせたリンクで、ぼくがみんなのお手本を示したのでした。

このことは、宇宙NOTEにも書きましたが、本当は、ジャンケンしかしていなくて、魂のヴィジョンとして、∧を、ジャンケンしているまっただ中に伝えられたのかも、と思うほど、その∧のヴィジョンしか覚えていないのです。

★「∧」はピラミッド（UFO）の移動技術

この「∧」も、後に宇宙マッサージにつながっていきます。

この松岡先生は宇宙技術を知っていて、シンプルな幾何学構造を持つこの記号の莫大な宇宙情報を、ぼくの魂や細胞や神経にこの時、自然にアクセスして起動するように、子どもがとっても気になるジャンケンの勝ち方を教えるのとセットで、スイッチを入れてくれたのかもしれません。

いい先生というのは、ただマニュアルや教科書を義務教育で教えるのではなく、枠をはずれて本質を伝えることができる人のことをいうのでしょう。

これは、ただいっしょに居るだけで、極意は伝授されるということの、ひとつの例だと感じます。

しかしこの∧感覚は、中3になるまで、無意識下にいってしまい、体現はできていたかもしれませんが、忘れていました。

★一人インタビュー

小学生の頃やっていた宇宙技術として重要だったなと感じることのひとつに「一人インタビュー」があります。

ひとりっ子でしたので、1人で過ごすことが苦ではなく、多かったのですが、当時ぼくの中で流行っていた遊びが、雑誌のアーティストのインタビューを一人でするというものでした。

自分でインタビュアーをして、自分で即答する、一人インタビューです。

どうも言葉を音で感じるフェティッシュがぼくにはあって、小さい頃からインタビューや対談などの「しゃべり言葉」を読むのが異常に好きでした。

小説は、最近まで小学生の時に、テレビで見たネバーエンディングストーリーの影響で『はてしない物語』を最後まで読んだことがあるだけでした。

本は最後まで読めないことがほとんどですが、好きな対談やインタビューは何度も繰り返し読めてしまいます。

そのフェチが結実したのが、対談のウェブサイトLAWSONHMV ONLINEで連載していた『宇宙おしゃべり』だったと思います。

一人インタビューは、声に出さずに、自分の内側で、時間を忘れてやっていましたが、それは今思うと、自然とハイヤーセルフや愛や宇宙とのコミュニケーションになっていたのではないでしょうか。

★一人インタビューと自問自答は違う

一人インタビューは、自問自答とは明確に違います。

自問自答は、答えの出ないことをずっと押し問答しますが、インタビューはなんでもいいから、その時感じていることを答えることが重要です。

答えることで、その瞬間感じていること、考えていることを自分が知ることができますし、自分の気持ちや心がわかって、行動につなげやすいです。

そして自覚や自立をうながします。

また「初期設定」にも通じる、人生をいつ何時でも再設定できるよう、クセをつけるのに、とても役立つはずです。

そして、インタビューに答えるのに慣れると、明快に、端的に言い切ることができていくので、設定の軌道修正を、いつでも、どこからでもできるのが、容易《たやす》くなるはずです。

これは、自分次第で無限にやれるし、教わる必要もなく、料金もかからず、お手軽にできるので、オススメです。

★見知らぬおじさまたちからの打診

スピードスケートは週1にもかかわらず、小5で飽きてしまったのですが、小6までつづけ、関東圏中心の全国大会に位置づけられる競技会や長野の大会で、表彰台に立ったりしていました。

中学ではスピードスケートをする気がなかったので野球をして、中3の大会を早々に終え、夏休みに暇をもてあましていると、ある日、夕方、見知らぬおじさまたちが家を訪れ、県のスピードスケートの合宿に参加しないかと打診されました。

何もすることがなく、受験勉強もせず、暇をもてあましていたので、ひさしぶりに楽しそうと思い、打診をお受けして、山梨県の野辺山にむかいました。

★宇宙ランナーズハイ＆スカウト

その合宿で、宇宙とつながるランナーズハイの経験もしました。

全速力で林のなかの凸凹道を走っていると、息もあがらず疲れない無限状態になりました。

宇宙とつながったせいか、走り終えてボーっとしていると、静岡で唯一スケート部のある高校の先輩が近づいてきて「数学0点とらなければ入れるからおいでよ」と言われ、受験勉強は一切したくなかったので、即決します。

★宇宙ポルシェ

小学生の頃、足が速かったので一瞬「ポルシェ」と呼ばれたことがありましたが、あのスポーツカーの、白痴的な洗練されたフォルムを、このランナーズハイの一瞬に発揮し、アホみたいにノンストップで、走っている姿を、宇宙や見知らぬおじさまたちが見て、受験勉強をしなくてもいい烙印《らくいん》を押してくれたのだと思います。

ランナーズハイは、魂と身体と脳が、自然や地球や宇宙と一体になり、どこまでも、森の隅々まで感じとれ、そこに存在するすべてと連動し、活かしあえる感覚でした。

この感覚は、その後25歳のときに、電柱にぶつかって6針縫った翌日から、自動書記がはじまり、夢で起きていることを、感情やロケーションの隅々まで記憶できるようになった時を思い出します。

★通常と真逆の体重移動で、自動車教習所でローラースケート

合宿のランナーズハイから、再び週1で、スピードスケートを再開しました。夏から秋にかけては、小学生の時と同じように、自動車学校の休みの日に、教習所のコースを借りて、スピードスケート用のローラースケートで滑りました。

再開してすぐに、コーチの教え方に違和感を感じ、それとは真逆の自分の直感している体重移動を徹底的に主張して、滑りました。

その時は、どうして真逆とも言えるバランスを絶対的に主張しているのか忘れていたのですが、今思うと∧を使って、滑っていました。

この滑り方は、通常と真逆なのです。

★大会のスタートで1回転

冬になり、清水のヤングランドの室内リンクの氷で滑りはじめます。実家から、バスと電車と徒歩で2時間弱かかるので、通うのも大変です。北海道や長野や東北などの本場は、日々、スケートができる環境下で練習していたことでしょう。

全国大会まで1ヶ月を切った頃に、ひさしぶりに出場した長野の野外の大会で、多くの方が見守るなか、ピストルの音でスタートを切ると同時に、フィギュアスケートみたいに1回転してしまいます。

スタートの切り方が、まったくわからなくなっていたのです。

全国大会にむけて、完璧にスタートできるようにならなければとなり、2週間ほど、室内リンクのほかに、高速道路で2時間くらいかかる御殿場の大きめの野外スケートリンク（これも3つのカーブがある変形リンク）にも通い、スタート練習に集中することにしました。

★∧発見

それと同時に、当時500m、1000mで圧倒的に強かったドイツのメイという選手の映像があったので、スタートや滑り方を繰り返し見ていると、∧のバランス（この時はまだ∧を忘れていて、ただただ美しいと感じる）が、見事に現れているのを発見し、感動します。

このバランスは、誤解を恐れず言えば、一見素人みたいな滑り方なのですが、理にかなっていて、よく教えられていた体重移動とは、足の運びも身体の位置も真逆でした。

★∧フェチ

いろんな超一流のアスリートをみていると、かならず素人みたいだなと感じるところがあるのですが、きっとそれは、∧で宇宙や地球と一体になって、喜びとか幸せがとめどなくつながって、無限にあふれてしまって、ただの子どもが遊んでいるようにみえるからなのだと思います。

同じ競技なのに、違う競技をしているような宇宙感覚がとにかく好きで、そういう〈バランスのパフォーマンスに出会うと、どんなジャンルでも、体重移動にホレボレし、感動してしまいます。

★気を使うと即死

スタートの準備が間に合った全国大会では１０００ｍで決勝に残ります。もともと勝ち負けにそれほど執着がないのですが、あらゆる物事を超えて、ストレスがないポジショニングをしていたい（縛られたくない）という意識は、根本に強く働いている気がします。

それと同時に地球に産まれてから、ほとんど気を使わずに生きて来れている気はします。小さい頃から「気を使うと即死」するような感覚が、いつもあったのです。

気を使った時の気持ち悪い違和感がとにかく耐え難いので、社会生活の中でそんな気持ちにならないためにはどうすればいいかと、自動的に、ストレスのかからない行動を探究していった時に「愛をつかう」「宇宙タイミングをつかう」方法が現れてきたのだと思います。

第11章

宇宙タイミングと〈感覚〉

★∧感覚

中3でスピードスケートに復帰をしてからも、興味が「∧」の体重移動の感覚にむかわないのです。

当時は松岡先生の「∧」の記号のことはすっかり忘れていましたが、このバランスでないと違うという感じだけで滑っていたので、今振り返っても、決勝に残ったのが不思議です。

当時の映像をみても、一人だけゆったりと滑っているという印象で、他のいっしょに滑っている人たちは物理的なスピード感がありますから、スピードの種類が違うという印象です。

UFOにも、ゆったりしているのに速いというヴィジョンを感じますが、そのあらゆる物事を超えてポジショニングするUFO的な感覚が気持ちいいというのを魂が知っていて、すこしでも縛られない違和感のないポジショニングを実現しようと無意識に、身体を体現した時、自ずと∧のバランスになっていて、ブランクや勝ち負けへのプレッシャーなどのストレスも感じなかったことが、決勝に進むのに活かされたのではと感じています。

この見えない∧を感じて、「違うこと」をしない行動をしつづけることは、極めて重要かもしれません。

違うと感じることと、合っていると感じることの見極めを、ゆるぎなくして、気持ち悪いことに鈍感にならないこと。ストレスをくらわない視点を、マイペースの時に、確かめつづけること。

小学校低学年で松岡先生にお会いして、ぼくの魂が記憶していた宇宙の感覚∧のポジショニングのアルゴリズムが数式のようにヴィジョンとしてみえ、中学生のぼくの行動に無意識に採用され、魂からのインスピレーションは、∧感覚や∧ポジショニングを意識するように、その時のぼくにメッセージをくれて、ぼくはそれに素直に動いていたのでしょう。

スゴくゆったりと糸をひくように滑っているのに、他の人たちを後ろに引き離しているという不思議な印象は、∧ならではだと思います。

未来の数式は、複雑なものではなく、∧だけで表せたりするのでしょう。スピードスケートの姿は宇宙人のようにみえますし、∧も宇宙人の技術のひとつで、ピラミッドの形でもあります。

∧感覚というのは、自著『樹ぴター』でも触れていますが、具体的にどういうことなのかというのは、ほとんど何も書いていません。松岡先生から示されていたのは∧だけで、説明を長々と受けた記憶もないので、この記号から宇宙タイミングなどを感じとることが、最善だと感じています。

∧を、コンパスだとするなら、◯も現れるでしょう。

もしこの∧感覚をもっと知りたいと感じた方は、ぼくが普段「∧」感覚を体現していたりしますので、宇宙タイミングが合えば直接お会いしたり、遠隔宇宙マッサージから、松岡先生とぼくのジャンケンの時のように、感覚として受けとっていただければと感じています。

ただひとついえるとすれば、この∧のバランスは、見えない中心軸第1チャクラと第7チャクラを貫く、センターとか正中線といわれているエネルギーの通り道で、第1チャクラ側から地球の中枢シャンバラのクンダリーニといわれたりするエネルギーが上昇し、第7チャクラから宇宙からのエネルギーが下降し、その両方が交わり干渉するポイントで無重力の浮遊する状態がうまれます。

★受験勉強はいらない

中学3年生の夏に、スピードスケートに復帰して、高校も静岡県で唯一スピードスケート部があった高校へとスポーツ推薦で入学しました。

とにかく宇宙はぼくに、受験勉強という過度なストレスを避けさせたようです。

それまでの気を使わない態度も、功を奏したはずです。

授業料も免除になりました。入学したクラスは、当初いわれていた準特進クラス（入学ガイダンスの日にはそちらに居て、教科書も13組と書いたにもかかわらず）から急遽《きゅうきょ》変更になり、いろいろ楽だからどう？と言われてスポーツクラスの1組になります。

とことん学校の勉強をしなくてもいいコースが、宇宙から応援されたのです。

★担任に全身全霊で殴られる

1組で初めて話しかけて、よく話すようになった隣の席の子は、ヤクザの組長の息子でした。

このクラスでの様々なとんでもない話はありますが、確か、白い本に書いたと思います。

宇宙の流れに乗るということは、ある意味、はみ出してしまうので、校則をふまえて生きている先生方には目をつけられやすく、中学でも高校でも節目節目で先生から、他の生徒の前で見せしめ的な暴力を受けたりしました。

ちゃんと正当な理由を言うと（場を和ませようと笑いもまじえてしまっていましたが）、口ごたえしたということで先生たちは殴るという手段をとっていたようです。自己主張が強かったり、生意気に映ったりもしていたのだと思いますが、高校の時などは30発くらい連発で担任から全身全霊で殴られたこともありました。

ただ、それも、ぼくの中ではあまり怒りや憎しみにはならなかったです。

そういう状況を、俯瞰でみて、笑ってしまうような性質がどこかあります。

今なら、誰かが携帯で撮って、ＳＮＳにアップすれば、バズっていたでしょう。

★大学から推薦を受けたのに落ちる

大学は京都の立命館大学の推薦を受けました。中学くらいから神社仏閣が好きでしたので、京都は天国だと喜んで、無抵抗に推薦を受け入れました。

一応英語と国語の試験がありました。国語は何もしなくても点がとれると思いこんでいたら、あまりにもひどかったようで、推薦なのに、落ちてしまいます。

その後、関東の日本大学農獣医学部なら、スポーツ推薦で入れると言われて、受験しなくてもいいならと。そちらは一応英語と論文だけで、無事宇宙の流れが決まります。

★方違えで東京へ

この時京都に行けなかったのも、方違えな、宇宙タイミングだったからでしょうし、宇宙マッサージに至る流れで、東京に行く意味があったのだと思います。

子どもの頃から、結構インパクトがあって、わかりやすい宇宙タイミングを示してくれることが多かったのは、こういう本にして、伝える役目があるからなのだろうと感じています。

そして後に、ぼくの前世が影響して、この時、京都に入れなかったのではないかということもわかっていきました。

★スポーツ推薦なのにやらなくていいと言われる

スポーツ推薦で合格が決まった直後に顧問に職員室に呼び出され、「入部してもしなくてもいい」と言われます。

スケートになんの執着もなかったので、あっさり辞めて、大学に入り、アパートのゴミ置き場に置いてあった下の階の友だちのアコースティックギターを拾って、歌をつくりだします。

★あいつはガンだと言われる

歌が始まるこの流れも不思議ですが、高校のスケート部の先生の指導がピンとこなくて、自分で練習メニューをつくって職員室に行き、こんな20年前のやり方をやっててもしょうがないからこれでやらせてくださいと言って、了承を得て、部長だったのに一人で勝手にやったりしていて「あいつのせいでタバコが増えたわ」「あいつはガンだ」と顧問が他の部員に言っているというのを聞いていたので、もしかしたら、あんな生意気な人間が大学のスケート部に入って、自分勝手なことをされたら推薦した側の汚点になると、急に恐ろしくなったのかもしれません。

★自分の意志をちゃんと伝える

中学の時も、国語の答えに納得がいかず、授業中に、「作者よりぼくの答えのほうが正しい」と言いはって、先生を泣かせてしまったことがありました。

これを書いていても、あらためて思いますが、本来ならいろんな視点があっていいはずで、作者が言ったことだけを正解にするのではなく、機転を利かせて、そのことについて、クラスのみんなに、作者はこう言ってるけれど、いろんな視点から物事を感じてみましょうと、授業を切り替えたりしたら、とても有意義な時間になっただろうに、と感じます。

普通に人権侵害を感じますし、そういった自由なことができにくいことが、義務教育の最大の問題なのでしょう。

「気を使ったら即死」というのは、いまだにとても大事な感覚だと思いますが、今、宇宙マッサージをみなさんにできますのも、この気を使うストレスを極端に嫌う、∧のアンテナが、当時も強烈に働いていたのだと思います。

★大学入学直前の黒澤明

大学進学は、方違えで、京都から東京にガラッと変わり、スピードスケートがアコースティックギターになるという、とても大きな分岐点になりました。

大学入学直前の春休みに、実家でのんびりしていると、ＮＨＫのＢＳで黒澤明監督の映画特集をしていて、視だしたら映像の美しさに驚いて、大学に行っても一通りの作品を視ようと決めます。

黒澤明の絵やストーリーも素晴らしいですが、対位法が見事でした。

悲しいのに、明るい音楽が使われているとか、より深く伝わってくる手法が随所にあり、光と陰の一体感が、宇宙的で、とても快感で、画面の端々からエネルギーがほとばしっていて、すべてに間違いなどない、すべてが正しい、答えなどない美しさに、感動したのだと思います。

★生意気な広告学校生徒

大学卒業後すぐに、母の不安を少し汲《く》みつつ糸井重里、仲畑貴志、天野祐吉らが創設した広告学校に半年ほど入学しました。

これまで書いてきた通り、もともと生意気なので、パンチラインを生みだすのが得意だと感じていて、広告とかは、能力的に向いていると感じていました。また横尾忠則さんのスタンスも、とても面白いと感じていた時期でもありました。

確か、ＣＭプランナーのコースだったのですが、当初、課題を提出しても「意味がわからない」と、現役のプロの講師たちに言われつづけました。

しかし、ぼくは自信満々なので「わからないんだな～」と呑気《のんき》に思っていました。

ずっと意味不明にされたまま、最後の授業を迎えました。

するると、初めてぼくの作品が取りあげられていて「こういうのがカンヌとかで金賞をとるんだよな〜」と言われました。

ぼくは、当然です、みたいな受け答えをしたのだと思います。ほとんどそれまで静かな授業しかなかったのに、初めて教室全体がドンッと爆笑しました。笑わせる気がなかったので不思議だったのですが、みんなが笑ったのがとてもうれしかったです。

その最後の授業の講師が「そうだ京都、行こう。」のCMをつくった方でした。

★根拠のない宇宙タイミング

そのまま、業界にいったら、きっと面白い作品をつくれると感じていましたが、そういった仕事のなかでできること以上のことができるのではないか、誰も踏みこんでいない領域で、できる能力や意味があるのではないかと、どこから湧いてくるのかわからない根拠のない自信が、仕事につくギリギリで、踏みとどまらせ『樹ぴター』などを書いていく宇宙タイミングを迎えます。

第 12 章

愛の歌

★宇宙と愛の歌

今「プリミ恥部」として歌っている楽曲は20代と30代でつくりました。そしてSF『安心』とともに、コロナ期間中につくった楽曲を、2023年の5月の新月に沖縄でレコーディングしました。だいたい10年周期で歌をつくっていることになります。

自分の経験を歌にする感覚とは何かが違うのですが、20代の楽曲から聴き直すと、終始宇宙と愛のことをずっと歌っていて、対位法も感じるので、生理とか潜在意識とか、奥深くで普遍的に感じていることを、歌にしているのだと思います。

歌をつくって歌うのも、宇宙タイミングで、理屈抜きではじまります。

★パラレルフロウで現れた「プリミ恥部」

宇宙マッサージも、「プリミ恥部」という名前も、目の前にそのままヴィジョンとして現れ、はじまりました。

意味を考えて、はじめることはないです。

この名前は、熟考したり、理屈で判断するなら、コンプライアンス的にも、最初に却下される名前でしょう。

∧の時もそうだったように、ヴィジョンとして現れるのは、ぼくにだけみえるパラレルフロウの可能性があります。

だいたい未来のある地点や必要なモノが、突然みえて、インパクトを感じて、はじめることが多いです。

その場合は、ほとんど実現します。

これが「インスピレーション」だと思います。

★宇宙や愛のことをしないと道がひらかない

歌をつくり、全国の映画館や美術館やカフェなどを巡る宇宙タイミングが訪れます。

進んだ先でたくさんのご縁に恵まれ、ご縁の先で、宇宙マッサージがはじまり「宇宙おしゃべり」という宇宙対談をすることになる、というように、音楽事務所に所属してもないし、CDもぜんぜん売れていなかったのに、縁や流れは、とめどなく現れつづけるのです。

この人生の状況から読み解いたのは、ぼくは所属して生きる流れには、とことん恵まれず、新しい道を切りひらくことを、宇宙が望んでいるのだな、ということでした。

これを確信して、覚悟を決めたことで、さらに拍車がかかって、宇宙タイミングが起きつづけました。

この現象も、設定がいかに大事かにつながります。

★愛や宇宙にふれると全身全霊になる

２０２３年の春になって、たまたま出会ったホロスコープをみる方から、自分の好きなことをしないと成功しない星であること、宇宙のことをしていくと成功することなどを告げられ、より一層自覚して、人生を進めていこうと、あらためて決心しました。

いまだに、普段ギターを持つことや歌いたいと思うこともほとんどないのですが、愛や宇宙のことを歌いだすと、全身全霊になります。

すべてのご縁の流れを見返していった時に、いつでも何かを地球で生む時には、宇宙の純度の高いものを生むという意志だけは、ずっと強く、無限にありつづけている気がします。

★パラレルフロウ

ある純度をつくりだす意識で今を進んだ時に、その純度のバイブレーションを感じていただけた方と、ピンポイントでご縁が生まれ、これまでの人生の流れのすべてが実現しているんだ、と感じます。

何かをしてあげたい、という気持ちでは実現しない領域が、この先の地球では、さらに大事になっていくということも、感じます。

一瞬がとても大事になり、一瞬からしかすべてが進まない、一瞬さえ認識すれば、あらゆる可能性が開花する、という今が、地球に現れてきています。

★人を癒したいと思った時点で愛のバイブレーションの純度は落ちる

声というのはバイブレーションそのものです。それは発声しなくてもバイブレーションとして伝わります。

宇宙マッサージ中に声に出さずに、ぼくの身体内で発声すると、触っている方へのバイブレーションの響き方が、全然違っていくのがわかります。

声に出して歌うわけではないのに、声のバイブレーションは自分の身体の内側に響かせるだけでも、自分の細胞にも相手の細胞にも、同時にちゃんと伝わるのです。

これは、遠隔宇宙マッサージという、直接会わない方々にも伝わるという事実とも、つながってきます。

つまり、頭や腹の中で発したことは、即、現実に響いてしまうということです。「どうしたら愛になれますか」という質問もよくされますが、愛と声にださずに自分の中で言い続ければいいです。

ぼくの場合は、普段からどんどん口に出してしまっていますが、愛は普段づかいがなかなか難しい言葉だと思いますし、急に「愛愛」言いだしたら、頭がおかしくなったと思われる可能性も高いです。

声に出さずに身体内で言っていると、自分の細胞や脳や魂や神経は聴いています。

それを繰り返し言っていると、どんなにネガティヴでも、細胞などが愛に対し聞く耳を持つようになって、愛のバイブレーションを記憶していきます。

すると、ゆっくりでも、愛になっていきます。

そしてゆっくりでも、愛がつかえるようになっていきます。

宇宙マッサージでもそうですが、歌でも、人を癒したいと思ったことは一度もありません。癒そうと思った時点で、愛のバイブレーションは相当数なくなるか、成分がかなり薄まってしまうと感じるからです。

癒したい、という思いはエゴや卑しさにつながるのを感じます。

★癒したい、はストレスの素

癒したいと思えば、癒されたい人が集まるようになっていきます。

また、疲れるたびに癒しを求めてマッサージや自然の中に行くようになり、快復はしますが、また仕事に戻ってストレスの中で疲れて、また癒しを求めるというルーティーンになり、アップグレードしないそのストレスサイクルから逃れられなくなります。

それは根本的な「愛をつかう」「宇宙タイミングをつかう」方向には向かっていないといえるでしょう。

愛をつかう、という意識がデフォルトである上で、宇宙マッサージを体感していただければ、自ずと動きだすだけで、自分以外のあらゆることが、自分に必要なことに、求めずとも、応えてくれるようになります。

それが宇宙タイミングのひとつの極意です。

宇宙マッサージでしていることは、自分自身が愛になっていくこと、そして愛がつかえるようになっていく感覚を、感じていただくことです。

どんなシチュエーションであれ、愛が流れ、あふれることができるようになっていくこと。

その人が制限しなければ、どこまでも純度を高められ、よりいっぱい、全方位的につかえるようになるエネルギー源が、愛というものなのです。

★声でチャクラをつかってみる

声は、自分自身のチャクラから、身体の中にも外にも発するように意識すると、チャクラが感応して、それぞれのチャクラの特徴的なエネルギーが内にも外にも響くようになります。

身体には主に7つありますので、各チャクラを順番に試して、たとえば1週間、胸の第4チャクラから会話の声を発してみたり、自分の中で第4チャクラに愛という言霊を送りつづけてみて、現実がどう変わるか観察してみるのもいいかもしれません。

★松果体型のスピーカー

また、松果体に声を送りこみ、身体の内と外にスピーカーのようにして声を発すると、とても素晴らしい響きになるのを感じます。

いずれ松果体型のスピーカーや、マイクなどが開発されれば、チャクラにより直で響き、個人の松果体をノイズキャンセリングしてくれて、インスピレーションをとめどなく感受するものができるのではないかな、と感じたりします。今なら3Dプリンタで、型だけならすぐ実現できそうです。

愛のコンピューティングシステムのアップグレードは、量子コンピュータの発達が必要そうです。

「愛をつかう」量子コンピュータの開発には、関わってみたいです。

★「縁」のパラレルフロウ機能

宇宙マッサージの時には、様々な宇宙存在や、受けている方とぼくの縁をとりもつ守護霊といわれたりするようなバイブレーションが、宇宙の様々な領域から来てシンクロします。

一度、ご家族で来られた方々で、ぼくのことをあまり知らずにいらした、義母にあたる方が、ファミリーが見守るなか受けはじめると、エネルギーがチャクラに通っていく様を、実況中継し始めたことがありました。

それが、あまりにも的確で、こんな風にエネルギーでコミュニケーションがとれるような未来がきたら、本当に楽しいだろうなと思えるほど、ご本人も、ご家族も、笑いながら、その時を過ごしたのが印象的でした。

人間は刻一刻と進んでいく人生の中で瞬間瞬間、移動方法や生活や宿泊先や仕事場などが移り変わります。

「今」という環境は絶えず変化しているので、その人自体のバイブレーションは、一瞬たりとも同じということはありません。

だからこそ、縁があってお会いした宇宙タイミングが、相手にとってどんな状態か、どんな状況かを感じあい、あらゆる次元の愛のエネルギーをアジャストしあえるなら、幸せや安心は増えつづけるでしょう。

愛のアジャストをしあえた時に、宇宙の「縁」のプラットフォームが自動的にパラレルフロウ機能を、起動しはじめます。

相手に対して何かをほどこすのではなく、その縁の場にとって最善の愛をクリエイティヴし、アジャストしあえると、縁のプラットフォームが起動して、ストーリーが現れ、最大限に愛をつかえる方法が目の前に現れると思います。

★愛の感覚

瞬間瞬間、クリエイティヴに生きているのを実感し、一番幸せで、居心地いいと感じる時、その中心には、愛の感覚があるのを感じます。

逆に、その感覚以外でクリエイティヴすると、ストレスが溜まり放題になります。

★歌の胎内巡り

チャクラに敏感な職業の人によると、歌を聴いていたら1曲1曲の歌がそれぞれ違うチャクラに対応していて、歌ごとに、ご自分のチャクラが起動していくのを感じたそうです。

それは胎内巡りをしているようだなと思いました。

交野市の磐船《いわふね》神社の胎内巡りをした時に、磐座を巡ることで、チャクラに対応して開くようなコンピューティングシステムになっていることに気づきました。

宇宙から来る魂が、チャクラをワームホールのように通って子宮に宿り、様々な役割の愛のエネルギーとして、地球に来ます。

胎内巡りを通して、宇宙感覚を思い出し、生まれ直しをする、というのが胎内巡りの本質なのかもしれません。

★地名に船のつく地にはUFOがある

胎内巡りをする感覚で、プリミ恥部の歌を聴いていただくのも、いいかもしれません。

磐船神社もそうですが、船や舟などの地名がつく所は、だいたいUFOと縁が深い地です。とっても山の中なのに、船のつく地名だったとしたら、なおさらその可能性が高いです。由来をみてみると、ヒントがあるはずです。

★歌を聴くことで起きた不思議なこと

実際に歌を作る時は、光の経験や、夢で聴こえたメロディや、歌詞も自動書記のように書き、インスピレーションで作るので、聴いた方に、不思議な出来事がいろいろ起きたりするようです。

ハワイ在住で、ある有名な物理学者の方の本に登場する女性が、日本に帰国したタイミングで宇宙マッサージを受けたいと予約されました。受ける前にプリミ恥部の歌の動画を見ておこうと思って見始めた途端、涙がとめどなく流れて嗚咽《おえつ》してしまい、「これは何なんですか」と電話してきました。

ちょうど地下鉄に乗っていたので最初、電話に出られなかったのですが、降車駅に着いてかけ直すと、涙ぐんだ声で一部始終を話してくれ「そこまで感応したということは、魂でかなり縁が深かったのでしょうし、宇宙の愛を感じてしまったのですね」とお伝えして電話を切りました。

スマホをチェックするとその方からの留守電が残っていたので、一応聴いておこうと再生すると、いきなりハイトーンボイスの深い歌声が5分間くらい録音されていました。

ぼくに電話したあと、声が出てきて止まらずに、留守電になったまま放置されていたので、本人も気づかないまま自動で録音されてしまっていたようなのです。

なんの前置きもないまま「あああ〜〜〜〜うう〜〜〜〜〜〜〜〜」とオペラのような声でとめどもなく歌いあげるのが聴こえ、普通に考えたら、ヤバさしかないので、聴くのをやめようかと一瞬思いました。けれどその方のことは、本の好印象があり、大学で働いている理知的な人柄を知っていたので、到底聴こえてくるはずのないその声を、最後まで聴くことができました。

バイアスなしに、バイブレーションを感じてみると、とてもいいし、ぼくがよく晴豆などで出しているボイスととても近いものがありました。

お会いした時にその時の心境を聞くと、歌っている意識や状況はハッキリ把握しているのに、自分がおかしいことになっていると思いつつ、声はとめられなかったのだそうです。

電話を切ったかもわからなくなり、録音されていたとは思わず、恥ずかしがっておられました。

普段は人としゃべったりするだけでもノドがつまるような感覚があったり、歌うなんてとんでもないのに、ノドになんの抵抗もなくなってオペラのように全身全霊で30分くらい歌って、調子はあがる一方だったと言っていました。

それ以来、外出中に歌を聴いていきなり街で大声をだしてしまうのも困るので、聴くことを控えたそうです。

宇宙マッサージをする直前にもう一度意を決して聴いてみると、今度は歌いあげながら踊りだし、絵も描きだしてしまったようです。

留守電で聴くかぎりでも相当ボリューミーだし、全身全霊で声を出しているので、これが自宅や実家だったらかなり迷惑でしょう。

どちらで声を出したのですかと聞くと、大学の職員が誰もいなくなった職員室で歌いだしてしまったと言っていました。

あまりにも大きい声だったから下の階とかには聴こえてしまっていたかも、というほどの声量でした。

ここまで感応度が強いということは、宇宙の同じ星などでお会いしていたレベルの、親和性なのだと思います。

★沖縄レコーディングでの声

東京に暮らしていた時は、マンションに住んでいたこともあり、自宅での声出しを、心置きなく全身全霊で行うということが難しかったのですが、今住む家では、なんの躊躇《ためら》いもなく声を出せるので、沖縄でのレコーディング時も、ベストの状態で声を出せました。

朝早くから、夜11時近くまで、瀬名波、アリビラ、座喜味《ざきみ》城《じょう》跡でのレコーディングから、自宅での生配信LIVEに至るまで、自分でも奇跡と言えるほど、ノドの調子がよかったです。

スペシャルにバイブスが高まったこの歌が、地球にとっていい作品になればと、強く思います。

★電気は諸刃の剣

以前、野外フェスで歌っていると、マイクから音が出なくなる機材トラブルが起きました。

天河大弁財天社《てんかわだいべんざいてんしゃ》近くのキャンプ場でのフェスでしたが、ＬＩＶＥ中に、ＰＡの人が高熱をだして倒れてしまったようでした。ＰＡをしていた人は、若手の人だったようで、慣れない機材に対して電気が落ちないかとか、フェスならではの神経も使って、音をＭＩＸしていたのではないでしょうか。

その心配や恐怖は、長年やっている人でも完全に消しさることは稀ではないかと思いますが、そういうストレスが機材やケーブルに電気とともに流れて蓄積されていたりするので、触ってみるとケーブルがストレスをいっぱいためています。

宇宙マッサージは、人の身体のチャクラを中心に神経や細胞をクリアにしていくのが中心ですが、歌を歌うと、音波がケーブルを逆流して心配や恐怖を押し流して、ＰＡまで伝わり、ＰＡの人が普段溜め込んでいるストレスごとデトックスするみたいに、高熱で倒れてしまうようなことが起きたりするのだと感じています。

電気にはストレスも愛も、どちらも伝わりやすい、諸刃の剣のような、いまの地球を象徴する特徴を感じます。

早く、電気が時代遅れになり、愛のエネルギーのみで、音が伝えられる時代に移行すればいいなと思います。

★天河はＵＦＯエリア

天河は特殊な地で、地元でもこのエリアに住む人だけ、周辺の人たちと言語が違うらしく、言葉が通じなかったりするそうで、宇宙語を話しているように聞こえるそうです。

天河大弁財天社の先代の宮司が、かなり宇宙度高めだったようで、世界中から集めた水晶を本殿の下に埋めているそうです。

どうりであそこに立つと、浮遊力がスゴイわけです。

有名な鈴も、誰がみてもUFOを感じる姿をしていて、∧も表現されています。

曼荼羅《まんだら》も、現生人類の前の、龍類の姿を残すもので、龍から人への移行を示す図像が興味深いです。

LIVE中は、身体が遥か上空に飛んでしまって、UFOになって歌っていました。

第13章

宇宙タイミング
エピソード1

★恥部解禁

20歳の頃、年賀状を書く時に「恥部解禁」とだけ新年のメッセージを書いて、送ったことがありました。

こういうインパクトのある言葉は使うのを躊躇するような、タブーを犯すような気持ちが湧いてきます。

しかしそれを思いきって使うことによって、恥ずかしくて言えないことや、常識に縛られて少なからず抑え込んでしまっている自分を破いていけるように感じます。

新しい年のはじめに、恥部解禁を宣言し、自分自身の魂に忠実に生きる覚悟を決めようとしていたのだと思います。

それを年賀状でしたことで、自分にも相手にも強烈な決意のインパクトが、発動されたという感じがします。

もらった人も、新年からギョッとしたとは思いますが、それで音信不通になったのだとしたら、それまでの縁だったということです。

まだその頃はプリミ恥部という名前も存在していませんでしたが、恥部を解禁し、魂の感じるままに生きはじめたことで、目の前に「プリミ恥部」のヴィジョンが現れたのでしょう。

恥ずかしくて、言いたいことが言えなかったり、行動に踏み出さずにタイミングを逃してしまうと、魂を裏切ったり、無視することになり、魂への負担や重荷のストレスがどんどん加算され、自分をどうやって出したらいいかわからなくなってしまう人も、多いのではないでしょうか。

★イマジネーションとインスピレーションの違い

20歳のある日、電車の窓から外をみながら、イマジネーションとインスピレーションの違いに想いを巡らせていました。

上空は、雨雲が深く、街の近くまで降りてきて、空をふさぎ、それなのに光が明るく街を照らしている、時々ある、不思議な、天空のようなタイミングに、電車は走っていました。

突き抜ける、光る曇りの街に、疲れた、気を使い合うストレスフルなバイブスを感じ、目に広がる遠くの街や、見慣れた町のほとんどが、イマジネーションでできていて、イマジネーションでつくられたものは、あまりハッピーではないんだなと、閃きます。

一方インスピレーションでできているものにはハッピーがあって、それに触れられる人はハッピーにあふれるのだなと感じます。

勢いよく進む電車の中で、自分が今生き、未来に向けて生きていくのだとしたら、イマジネーション中心がいいか、インスピレーション中心がいいかの選択が、急に発動しだします。

いまだにこの時の閃きは、青天の霹靂《へきれき》レベルの発見だと感じていますが、ぼくにまだ地球上で生きる時間がこの先あるのだとしたら、インスピレーション中心に生きる以外、意味がない、と直感します。

その選択は一瞬だったでしょうけれど、いまだにその時踏みこんだ選択を中心に、生きつづけています。

イマジネーションでは、インスピレーションを抱きしめることはできないけれど、インスピレーションはイマジネーションを抱きしめることができます。

ほとんどの人は、宇宙の真意を感じる瞬間があった時、その時感じたことを「まあいいか」と放置して、感覚を忘れてしまうと思いますが、その瞬間感じたことが、インスピレーションだと気づいたら、忘れず、行動しだします。

それが、インスピレーション中心の生き方であり、宇宙タイミングを感じやすくし、モノにするコツです。

一瞬わかったことは、その人次第で永遠にわかりつづけます。

そして実行しつづけられるのだと、感じます。

その瞬間わかったことに浸らず、過ぎ去ったその瞬間に執着することもなく、たった今、過去も未来も活かされ、感じつづけられる状態にいるようになります。

一瞬一瞬は「今」があるかぎり、ずっとありつづけます。

ある瞬間、インスピレーションが現れて、それぞれのターニングポイントが訪れますが、その瞬間というのは、寸分の狂いなく、今、自分自身と宇宙が一心同体になっています。

そして常に移り変わる「今」に居続けられれば、宇宙タイミングは現れつづけ、ありつづけます。

インスピレーションで生きるとは、そういう状態に居続けることです。

それを実現するのに適しているのが、宇宙タイミングです。

これまでの地球では、シンクロニシティや因果応報、偶然完全などと表現されてきましたが「結果として良かった」「結果としてすべて完璧だった」という事後報告のようなニュアンスの強い表現でした。

『宇宙タイミング』はこれらの絶妙な出来事を、たった今自分が生きる、リアルな言葉です。

自分で想像できる範囲のことには、そこまでの驚きや心躍る展開はありません。

宇宙タイミングには、自分にとって想像を超える、リアルがあります。

★天使を視る

これも20歳の頃、朝帰りの時、急に天使が視たくなり、視たすぎるのが止まらなくなって、このまま天使を視るまでは家に帰らないと決めて、三軒茶屋のドトールにはいります。

コーヒーを注文し2階にあがると、窓際の中央の席が空いていて、両側は出勤前のサラリーマンが新聞を読みながら、煙草をくゆらしていました。

ソファに座るとすぐ、背後上部の、吹きぬけるように設計された横長の窓に、電車の中の子どものように立て膝をついて、窓の外のキャロットタワーの、背後に広がる空を視だしました。

体感で1時間もたったのでしょうか。

レンガ風のキャロットタワー右上空に、ピンクのプリズムが現れ、ゆったり優雅に上昇しつつ、こちらが視線を送るのは、最初から気づいていたのでしょう、旋回すると、視線上にプリズムが舞い降り、その女性とも男性ともつかないなめらかな微笑みを顔にたたえています。

みめ麗しい透明なピンクプリズムのバイブレーションは、目や細胞や神経や魂に、ハッキリ刻まれて、消えたのでした。

ぼくはこの日、天使が視えなければ一生視なくてもいいと思っていましたが、この天使が視えてしまったことで、愛の領域の認識を、どこまでも無限に視ていくのを加速させたのだと思います。

第14章

宇宙タイミングとUFO

★UFOを視だす

UFOとのファーストコンタクトは、大学を卒業して園芸店で働きだしていた頃にありました。

夜、おそくまで仕事をしたあと、帰りに環七を自転車で走っていると、低層マンションの最上階あたりから、真っ黒い物体がゆっくり現れ「何だろう」と思い自転車を止め、しばらく様子を視ていると、近づいて来たので、これはもしかしたらアメリカの最新鋭のステルス戦闘機かもと思いました。

音もなくゆったり台形のような姿で浮かんでいたので、見つかったらまずいかなと思い出した途端、ポッポッとステルスが光り、すこし安心させるような気配をみせ、ぼくの視線上で旋回し、視線のど真ん中にまっすぐに、見つめあうように、ゆーっくり進んできます。

視線を外せなくなっていた気持ちを察してくれているかのように、さらに、ステルスに、ポッポッポッポッと3つくらい光がつきました。

グラデーションするように、さらにポッポッポッポッと光が増え、回転も加速しながらポッポポポポポポポポポポポポポポー－－－－－－－－－っと光を無数に、虎のバターのように、ツヤツヤの駒のような動きで放ち、まばゆく、LEDのように幾つもの色の光に変化し（まだLEDライトはあまり普及していない頃）、浮かぶのはゆったりだけれど光を無限に加速させ、視線を離せない光が「こんにちは－－－－－－－－－！」と無尽蔵に親しみのあるバイブスを、全身全霊に浴びせるように放射しました。

これはスゴイことが起きていると悟ったぼくは、最後まで見届けようと思い、自転車をその場に置き、近くにある歩道橋に走ってのぼり、光の回転を終え、点滅させせているステルスが、本当にゆったりと、視線上を遠ざかっていくのを、見送りつづけました。

光が遠ざかり見えなくなると、この感動を誰かに伝えなければと思い、思いつくままに電話をかけていくのですが、全員出ず、やっとつながった女の子に、一部始終を話しました。

すると、その子はカフェで女友達とUFOの話をしていたようで、その内容が、女友達の実家のお兄ちゃんの部屋の窓の夜空に光る物体があって、母親と「何だろうね」と言いながら視ていると、帰ってきたお兄ちゃんが「あの光は何？」と言って部屋に入ってきて、3人の目の前で、点滅しながら、視線上を一直線に遠ざかっていったというものでした。

さきほど見送ったステルスと同じ去り方でした。

同じタイプのUFOの話題をしていた女の子にだけ、電話がつながったこの宇宙タイミングも、あまりにもインパクトがあり、忘れようのない出来事となりました。

UFOに「本当に体験したからね」というのを、刻まれるように計らわれたのを、瞬時に感じました。

こういったリアルなUFO遭遇体験を、面白おかしく伝える使命もぼくにはあるのだろうな、というのを、スンナリ納得するような体験になりました。

それから、様々なUFO体験をしていきますが、UFO体験で何個か、印象深いのがあるので紹介します。

★江の島でのＵＦＯあたり

江の島のとある海鮮食堂でバイトをしていた頃、夜、飲み会に参加するので早上がりをさせてもらい、江の島から橋を渡りはじめ、歩きながら海のほうを見ていると、３つの光が等間隔に止まっているのに気がつきます。

ずっと見ながら歩いていると、左の光が真ん中の光のほうに近づいたり、消えてまた現れて、みたいなことをしだし、あきらかに地球上の飛行体と違う動きで、ＵＦＯだとわかります。

橋の半ばで立ち止まって最後まで見届け、小田急線に乗りこんだ途端、湯あたりのようになり、目もあけられず、あきらかにＵＦＯあたりをしていました。

ＵＦＯあたりは、チャクラからあたたまっていくという特徴があります。

★母とUFO

うちの母親はUFOを視れるタイプなのですが、実家のリフォーム中、大工さんたちの休憩する夕方に、お茶をだしているとUFOが現れ「UFOがいるよ！」と、大工さんたちに伝えたところ、全員空を見上げても視えず「そこにいるんだけどねえ」と言って一人で見守っていたようです。

★UFOと帝国ホテル

昔、月1で宇宙マッサージをしていた、横浜白楽駅沿いの闇市の跡が残る六角橋商店街の猫企画というスペースに、伊豆大島から受けに来たという女性が現れます。

その方は「弟子にしていただきたいです」という感じで現れ、何かピンときて、しばらく月1で1年ほど会っていました。

ちなみに弟子はとっていません。

ぼくは当時、基本、受ける方に受けたい場所を指定していただいていたのですが、最初に指定されたのが帝国ホテルで、ルームサービスのアフタヌーンティーをしながら、宇宙のおしゃべりをしつつ、あとから来たもう一人のゲストを宇宙マッサージし、ルームサービスのディナーを食べ、さらにおしゃべりをして、曇りの光のなかで伊豆大島のその女性を宇宙マッサージして、というような、とても優雅なご縁が展開していきました。

最初に帝国ホテルで会った日に、ちょうど大型台風が来ていて、高層階から視える皇居や街が、雲の中に浮かびあがり、ビル群も横なぐりの雨でびしょ濡れで、これから訪れる巨大暴風雨を予感させる不穏なムードに満ち、都市と自然界の最大級の蜜月を、皇居を眺めながら、ＵＦＯの目線で体感できる、不思議にワクワクする日でした。

予報では伊豆大島は台風の直撃を受けるといわれていたようで、その女性はご家族とスカイプで島の様子をやり取りしたりしていました。

ぼくはこの日体感したような、曇りのなかの光が異様に好きなのですが、この光が現れる時、地上はクラウドシップのなかにスッポリとはいり、UFOのなかで、愛に満たされるような状態になっているのかもしれません。

台風の目といわれるものも、実はUFOの目なのかもしれません。

その日は深夜までおしゃべりし、タクシーで帰れたのですが、翌朝、全チャンネルで伊豆大島の台風による被害を取り上げていて、土砂によって島民に被害がでたことで、自衛隊も出動する騒動になりました。

その2ヶ月後、伊豆大島に招かれ、弁天という素敵な宿に泊まりながら、島で一番老舗の椿油の会社の跡取りである旦那さんにもお会いし、伊豆大島全体の鎮魂を依頼され、被害に遭われ亡くなられたすべての方々を、火葬場で焼いた係りの方とその奥様や、お友だちたちを、宇宙マッサージしました。

2泊3日で島から東京に帰り、キッチンのテーブルに座った途端に、母と長女がUFOを一緒に視た報告をされました。

★369UFO

さらに不思議なUFO体験があります。

さきほど書いた天河のフェスで倒れてしまったPAさんがいたLIVEの時に、バンドに参加していただいていた369さんというミュージシャンに、LIVE終了後トイレでバッタリ会ったので、雨の中、屋根もあるし、ここで宇宙マッサージしましょうかと言って、急遽スタンディングで背後から宇宙マッサージをしました。

翌日369さんは、ご自身のLIVEがあったようなのですがLIVEを終えたあと、何人かで夜空を視ていたら、UFOが集団で乱舞していて、編成を変えながらUFOショーを始めたそうなのです。

様々な動きをしたあと、もういいかなと思いはじめた途端に3・6・9とUFOが、動いてくれ、さらにみんなで視続けましたが、UFOショーが終わる気配がないので、もういいかといって終えたそうです。

このように、宇宙マッサージをしたあとに、UFOを自然に視るようになる方も多いです。

宇宙マッサージ中に飛んできたという小型のUFO偵察機の絵を描いてくれた方もいました。

369さんとは、2023年にはいり、沖縄レコーディングを手伝っていただける流れになりましたが、瀬名波ガーのお掃除を再開して、ガーの水が磐座のなかのUFOから流れていると直感し、シンクロし、美しくガーが甦った宇宙タイミングで、レコーディングを、その地で行えたので、やはりUFOの計らいを感じざるをえません。

★神様にご対面

2000年8月8日に、実家のある静岡市清水区但沼の興津川の吊橋から撮影した写真があります。

早朝、吊橋を渡っていると、ちょうど真ん中あたりで朝日が昇りだしたので、もう直ぐ稜線から陽が現れる瞬間を撮ろうと、撮影をした時のものです。

何枚か撮りはじめると、雲が、どんどん龍のように、稜線と平行しながら空へと伸びだし、面白いと感じ、シャッターをだいぶ切りました。

しかし、もう昇っていいはずの朝日は、ちっとも昇ってきません。

おかしいと思いながら、刻一刻と移り変わる空を撮影しつづけていると、ファインダー越しに、空からみつめる巨大な顔が現れました。

あまりにクッキリした顔に見据えられているのに驚きつつ、目をそらすことなく見つめ返し、その顔に、シャッターを二度ほど切りました。

体感ではかなり長い間そこで撮影していたのですが、実は宇宙時間になっているために、一瞬がだいぶ引き延ばされていただけで、地球時間にしたら一瞬だったのかもしれません。

後日、写真を現像すると、ハッキリと龍の顔が大きく現れていて、爪までしっかりと写っていました。

様々な神々の次元の時間軸で撮影していたのでしょう。

この様々な次元の霊や神々が現れる現象は、『樹ぴター』に載せた御筆先という章の、自動書記と同じ感覚です。

その吊橋の宇宙タイミングは、初めてのフランス旅行から帰国した直後だったのですが、フランスに持参した風邪薬の袋に布袋様が描かれていて、パリの土産物屋でも、袋と同じサイズの布袋様の陶器を発見し、実家の吊橋の写真の中にも布袋様が鎮座し、神々のオンパレードのようなシンクロニシティが1枚の写真に収まっていて、25歳以降の未来を予見してくれているようでした。

この年は電柱に頭をぶつけて、園芸店をクビになり、翌日から自動書記がはじまり、夢で体験したことを隅から隅まで感情もすべて記憶してしまう脳になってしまった年で、「訪れし朗報にのみ心動かされよ」というメッセージを、自動書記で書かれた直後に、電話で知人からフランスのコートダジュールからパリまで巡るツアーがあるのだけれど行きませんか?という誘いがあり、園芸店もクビになっていたので、ちょうどの宇宙タイミングで行けたのでした。

実際10年後の2010年8月8日に、宇宙マッサージがはじまります。

この8・8というライオンズゲートが、また大きな意味を持って未来を作っていきます。

一瞬が無限に引き延ばされる感覚になる宇宙タイミングで、景色を撮影すると、UFOは写りやすいです。

★次元間を「今」でとらえると宇宙時間が現れる

星田《ほしだ》妙見宮《みょうけんぐう》という、生駒山の麓にある神社に、カカオマジックの松田すみれさんといった時にも、本殿の畳の間で御神体の磐座を撮影しようとした時に写り込んできた宇宙存在があって、撮ることに成功しました。

スマホを正面の御神体である磐座に合わせ、撮ろうとした瞬間に、左端に白い何かが現れるのがみえ「何かいます」と言うと、その存在が螺旋状に回転しながら、カメラの焦点を合わせた御神体の方向に飛んでくる気配が感じられ、きっと通常なら見えないほどの超スピードで飛んできたのを、ちょうど御神体のところで撮ろうと待ち、今押せば撮れるという宇宙タイミングで、ピッタリ写り込んだ写真が残っています。

相当な高速移動だったはずなのですが、ぼくには蝶がヒラヒラ飛んで来るくらいに感じられ、余裕を持って、動きを読み切って撮影できたのでした。

こういった経験を何度も味わうなかで、地球でいう一瞬というのは、宇宙時間にすると、いくらでも自由に引き延ばしが可能なのだと実感していきます。

一瞬には永遠の、無限の、時空があります。

それをとらえられる人が、いい写真家だったりアーティストだったりもするのでしょう。

★街を意識体で新幹線のように飛ぶ

この宇宙時間に関することで体験した、面白い話は他にもあります。

ある日、意識があるまま、街を新幹線のように飛んでいました。

どこまでも高速で飛べるので、気持ちよくなって、どんどん街中を人や物を縫うように飛んでいました。

かなり街から遠くまで来た時に、白髪のとても上品な日傘をさした着物のお婆様が急にスローモーションになって「こんなとこまで来ちゃっていいの」と、耳元でささやいたのです。

この時は、実際は新幹線以上に、相当な高速で瞬間移動していたと思うのですが、そのお婆様は、その次元の速度のモノが視える人で、ぼくが自分の肉体を離れてかなり遠くまで来ていたので戻れなくなる前に忠告してくれたのでしょう。

すれ違う瞬間は、クッキリと明快に覚えていて、首すじや襟足や着物の質感までがくっきり観察できるほど、ゆったりした仕草で、ひとつもみだれることなく、交差しました。

その瞬間に「戻ろう」と判断し、きびすを返して、肉体へと折り返しました。

★宇宙将棋

きびすを返して、と書いて思い出しましたが『樹ぴター』が出版された当時、ぼくはある印刷会社で働いていました。

原稿はすべて書き終えていましたので、入社してすぐ、会社に内緒で出版まで進めました。

実は、印刷会社に入ったのも、電柱にぶつかってからはじまった自動書記のなかで「新宿に住んだほうがいいよ」と、メッセージが現れたためでした。

そのメッセージをみた瞬間、コンビニにいって、求人雑誌をみると、記憶では、パッと開いた中央に、その印刷会社の広告があり、新宿の山吹という住所がしっくり来て、そのまま電話しました。この手際のいい速度は、宇宙タイミング的で『樹ぴター』を出版する手順を、宇宙将棋のように進めている実感がゆるぎなくありました。

順調に内緒で本は完成し、出版してしまってから事後報告をしようと決めていましたので、社長に持ってゆきました。

社長は、目を細めて、何を思っているのかわからないような表情で、表紙をみていました。

しばらくすると、その印刷会社の相談役になっていた、元新聞社の70歳すぎの人物が声を掛けてきました。

「本を出版したらしいね、ぼくにも1冊もらえませんか」と言うので、渡しました。

数日後、また声を掛けられて「本を読みました。話したいからランチを一緒にしませんか」と言われました。

早稲田通りの小ぢんまりした、新緑の蔦《つた》が這う、古くからあるであろう老舗のフレンチレストランに入ると、奥の席に案内され、相談役は席に着くなり本をだし「読みましたよ、素晴らしい、この言葉の並び、天才だ」と絶賛されました。

さしあげた『樹ぴター』には、隙間もないほどビッシリと、各ページに赤線が引かれていました。

食べるのもそこそこに『樹ぴター』に関する質問責めをされ、応えていると、隣に座っていた、まったく知らない日本人離れした顔立ちの女性が「私にも見せてもらえませんか」と声を掛けてきました。

快く本を渡した相談役は、その女性が『樹ぴター』を開いて読みだすのを一瞥すると、表情を見ながら、女性に『樹ぴター』で感じたことを伝えだしました。

その女性も敏感な方で、開いてすぐにわかったらしく、相談役と呼応しながら、しゃべりだし、不思議なことを言い出しました。

「でも、本当に不思議なんですが、実は私は、ここに来る予定ではなかったのです。

先ほど早稲田駅から地下鉄に乗ろうと階段を降りかけた瞬間、きびすを返して、どういうわけかこのフレンチレストランに来たのです。

これまでそんなことは一度もなかったですし、このレストランに来たら必ず座る席があるのですが、ちょうど私の前に入った方々が座ってしまい、仕方なくこちらの席に来たのです。そしたらとても気になる会話をされていましたので、お声を掛けてしまいました」と言うのです。

その方は、キリストに関する本の翻訳の仕事をされ、ある映画に関わっていて、その日も、その会議にむかおうとしていたそうなのですが、話を聞いていくと、以前は自然農園の福岡正信さんの晩年の仕事に、一緒にずっと、海外などにも同行されていた方だということがわかりました。

のちに、この女性の紹介でオアフ島で40年くらい自然農園をしている方を、宇宙マッサージしにいくことになります。

★高千穂の本当の天岩戸

2008年の12月31日から1月1日にかけて、母が1月1日の誕生日なのでプレゼントで高千穂に1泊旅行に行くことにしました。

印刷会社を退社する直前に、たまたま当時の彼女のお姉さんが、友人たちと立ち上げたウェブ広告の会社の「ＨＯＮＤＡ ＳＴＥＰ ＷＧＮ １００万台突破記念」の仕事を、内緒でやっていたこともあって、その仕事で得たお金で連れていきました。

秋の仕事でしたので、３ヶ月前くらいに彼女に宿探しをしてもらっていました。いくつかある宿の候補のなかで「ぶどうの樹」という名前を目にした瞬間、ここしかないという直感が働き、ウェブサイトの詳細もほぼチェックしないまま、そこに決めました。

辞表の書類を社長に提出すると、不思議なほどあっさり、無事わだかまりなく退社できました。

やはり、この一連の流れを思い返しても、宇宙タイミングな場合は、理屈抜きで、不思議な組み合わせで、現実が動いていくのを感じます。

あっという間に12月31日が来て、新幹線で福岡までむかい、レンタカーで高千穂を目指しました。

九州新幹線が開通する2年前であり、LCCもはじまっていませんでした。

九州新幹線開通のCMがとっても好きでした。

黄金の車両が当時話題になっていたので、乗ってみたかったのです。

「ぶどうの樹」にむかってUFOに乗るようにドライブしながら、到着しました。

そう感じたのは、今思えば、ホロスコープのアストロマップでみると、強い月のLINEが阿蘇の方から高千穂に通っていますので、出生時から、高千穂を訪れるのは決まっていたといってもいいほどの、運命的な地なのだというのが、のちに、わかっていきます。

日本の神々の里のはずなのに「ぶどうの樹」はヨーロッパ調で、古事記などの神話イメージから一瞬にして解放される、大好きなセンスの食器類などが並べられ、家具や小物類もエクセレントな、欧風宿でした。

お部屋に案内されると、神社のガイドブックや、手描きの高千穂マップが置いてあります。

パラパラと手にとって見ていましたが、あまりピンとこず、手描きの高千穂マップのほうを手にした瞬間、ある1ヶ所の地に釘づけになり、他はまるで眼中に入らなくなります。

そこは「秋元神社」という名前でした。

マップには天岩戸神社など、有名な神社も紹介されているのですが、まったく興味が湧かず「この秋元神社というところに行ったほうがいいから、朝食の前に車で行こう」と、母と彼女に伝えました。

二人は、ぼくが直感で行動することをよくわかってくれていたので、了承してくれました。

夜のテラスの外に出てみると、年越しをむかえる樹々が雪の結晶を使って話し合い、霜が宿に張り出すことを伝え、透明な氷柱《つらら》が屋根からゆっくり芽を吹き、みんなして一層冷えこむことを決めたように、ますます凍てつきだしました。

夜空が開いていくにつれて空がひときわ晴れわたり、触れるほどそばにある大粒の星や銀河が、すぐ横や上空で、一体になるように包みこんでくれていました。

奇跡ともいえる夜の中、眠りにつきました。

翌朝、早起きしたぼくたちは凍りつく車に乗りこみ、秋元神社をめざして車を走らせました。

宿の人に何も言わないでそっと玄関のカギを開け出発しました。マップには距離が書かれていなかったのですが、それほど遠いはずはないだろうと、何も考えず向かいました。

しかし、行けども行けども一向に神社に着く気配がなく、朝食の時間もあるので宿に一度電話を入れておこうということで、車を停めて、今いるだいたいの場所を話すと、「とてもじゃないけど秋元神社まで行くと朝食までに帰ってこれないので、いったん戻って来てください」と言われました。

言われるままに素直に引き返して宿に戻ると、オーナーさんが現れ「だいぶ遠いので朝食のあとに向かったほうがいいのですが、秋元神社が気になるということは何かあるので、モーニングを食べたあと、ぼくのところに来ていただけませんか」と言われました。

宇宙タイミングな展開が始まりだしたのを直感し、3人でうれしくなりながら朝食を済ませたあとオーナーさんに声をかけると、両手いっぱいに資料を持って現れ「こちらにいらしてください」といって、用意してくれてあったテーブルに、着席しました。

積み重なる資料の中から、ファッション雑誌を出し、付箋《ふせん》をはさんだページをみるとモデルの女性が、ぶどうの樹にある小さな社《やしろ》を紹介していました。すかさずオーナーさんが「この宿の地は高千穂の中で、唯一、月読命《つくよみのみこと》を祀っている場所なんです」と言いました。

それを聞いた瞬間、母と彼女が同時に「月読命！」と驚きの声を上げます。

ぼくは『樹ぴター』の中で月読命についていろいろ書いていましたので、それを読んでいた二人は思わず声を上げてしまったのでした。

オーナーさんはもちろんそんなことは知らないので、宇宙の流れがないかぎり、この巡り合わせは起こり得ません。

ぼくはそういうことかと思い、この宿に即決した直感が腑に落ちてゆきます。

２０２３年からふりかえりますと、宇宙ＮＯＴＥにも書いています通り、高千穂のこの宿あたりに強力な月のＬＩＮＥが通っていることがわかりましたので、この引きが、いかに意味のあるコトだったかが、より一層インパクトを持って感じられます。

オーナーさんによると、この宿の地は高千穂の中でも扇の要の位置にあたり、ぼくが向かおうとした秋元神社は、高千穂神社や荒立《あらたて》神社を持って神社の宮司などの間で、本当の天岩戸の洞窟がある地だといわれていると言うのです。

この地が扇の要と聞くと、ぼくの中で、以前読んだ河合隼雄《はやお》さんの『中空構造日本の深層』という本の中で、神話の天之御中主命《あめのみなかぬしのみこと》や月読命など要（中心）

にいる神様には物語がなく、筒のように空っぽだという指摘をしていたことが甦り、その本を読んだ瞬間その空っぽのところに愛を通せばいいというインスピレーションが閃いたことが、オーナーさんのお話とスパンとシンクロしました。

そして、天岩戸とはUFOのことだと確信していますので、各地にある天岩戸伝説は、UFOのあるポイントと言って間違いないと感じています。

空っぽ（チャクラ）に、愛のエネルギーを通すというヴィジョンが、のちに始まる宇宙マッサージの技術にもつながっていきます。

高千穂のことをいろいろ話してくれながら、本当の天岩戸だという洞窟の最奥で撮影された超巨大なレインボーのオーブの写真を見せてくれたり、高千穂神社と荒立神社の宮司にぜひ会ってくださいと言われ「よければ高千穂の重要なポイントを案内しますよ」とまで言ってくださいました。

冬の高千穂は道が凍ったりして、特に秋元神社のあたりは危険だという事情も汲んでいただいたようでした。

オーナーさんは、宿をはじめるために土地を探していた時に、違う場所を見ても、何度も再びその地に引き戻されるので、ここしかないのだろうと、この地に決めたとのことでした。

当初はいろんな試練があって、諦めかけたこともありましたが、なんとか持ち堪えて、宿が軌道に乗っていったそうです。

飽き性なので、何度も好きな沖縄とか、他の地に移ろうとしたそうですが、その度にタイミングを計ったように霊能者や、皇室の要人で巫女《みこ》のような人が訪れて「ここに月読命がいるでしょう。あなたはここを守るために来ているのだから、他に行っちゃダメですよ」と引き止められるのだそうです。

あのロビーにある、ことごとくぼくの好きなセンスの食器なども、すべて宿への贈り物として、いただいたものなのだそうです。

みなさん、この地が特別な場所だと、体感しているからこそ、おしみなく贈ってくださるようです。

オーナーさんは自らのことを導きの神様でもある猿田彦のように感じている

そうで、泊まりに来られた方でそういったことに興味がありそうな人には、宇宙スポットを紹介しているそうです。

この時は、20年前でしたが、2023年時点ではもうひとつ宿を増やして、ペットなども連れてこれる離れのヴィラのようなのもやっているので、お忙しくなっておられるのだろう、という印象でした。

話もそこそこに、宿の裏に回った丘のところにある月読命の社にまずは参拝し、2009年の初詣がはじまりました。

オーナーさん運転の車で、秋元神社に、再び走りだしました。

1月1日の秋元神社は、美しく静謐《せいひつ》な冷たい空気が山間に凛《りん》と満ちて、午前中の光の中で、控えめにたたずんでいました。

いったん鳥居の中に入ってしまえば、とても粒子の細かい至上のバイブレーションが身体を振動させます。

そして本殿の脇に御神水がとめどなく湧き出しています。

なんでも、ぶどうの樹と地元のお酒屋さんがコラボして、ここの御神水で

「生涯不良」という焼酎をつくったそうで、その名前は角川春樹さんがつけたのだそうです。

今は、製造はしていないそうですが、他の酒造会社さんでも、ここの御神水

でつくったドブロクなどがありましたので、チェックしてみてください。

角川さんも、ぶどうの樹を常宿にしていたそうで、月読命の重要さをいろい

ろと話していたそうです。

ぼくは、この母へのプレゼント旅行を企画した直後に、古本屋で初めて角川

春樹さんの本を購入して読んでおりましたので、ここでもまた宇宙タイミング

のサインを感じたのでした。

ここの御神水は本当の天岩戸の洞窟から湧き出しているそうで、その洞窟は

背後の山の中にあり、入口はこの神社にはなく、山をぐるっと回ったところに

登り口があり、そこから山道を登らないといけないようです。凍りついた山道

を登るのは危険なので、また暖かくなってから案内しますよ、とオーナーさん

は言ってくれました。

その後も、観光ではほとんど訪れないような高千穂の重要なスポットを一通り車で案内していただき、荒立神社前に降ろされると、オーナーさんは一足先に宿に戻り、ぼくたちは神社の神楽殿のなかへ入りました。

こちらの宮司さんは神様のお告げをしてくれるので有名で、芸能人などもたくさん訪れているそうです。宮司さんに会うように言われたことを、巫女さんに話すと「お待ちください」と言われ、神楽殿の床に座り、宮司さんが現れるのを待ちました。

あとで知るのですが、普段は予約をしないとお告げを聞けないようなのですが、オーナーさんが特別に計らってくれていたようでした。

何を待つのかいまいちわからないまま結構待っていると、本殿の方から見知らぬ人が現れました。その人はぼくたちより前にお告げを受けていたようでした。どうやら本殿に招かれてお告げを聞くシステムのようです。

ほどなくして現れた宮司さんが、ぼくたちの座る神楽殿の床に座られ、話しかけられましたが、かなりキツめの宮崎弁で、ほとんど何を言っているのかわかりません。しばらくポツポツと聞き取れる言葉だけを頼りに会話を交わし「では奥に行きますか」と宮司さんが言って立ち上がりかけましたが「あ、ここでいいのかな」と言って座り直し、その場でお告げを話しだしました。

どうやらあらかじめつながっているのがわかり、奥に行かなくてもこの場でだいじょうぶと判断されたようでした。

母と彼女は、話す内容がほとんど聞き取れなかったようでしたが、ぼくには「そのまま進めばだいじょうぶ」ということが、魂でくっきり聞こえました。

その後、高千穂神社にも行き、境内の掃き掃除をしていた宮司さんに話しかけると、秋元神社のところに本当の天岩戸があるという話を再度聞かせていただき、東京への帰途につきました。

その帰途に映画会社アップリンクの倉持さんから、アップリンクでLIVEをしませんか、と連絡が入ります。

そこから怒涛《どとう》のように、宇宙マッサージに至る流れがはじまっていきます。

この一連の流れを視ていただいても感じていただけると思いますが、何か本当のご縁に恵まれていく時は、自分で何かをしようとするよりも、エゴのないピュアな状態にのみ宇宙タイミングのサインが訪れます。

そのサインを精確に、自分の主体で見極めることが大事なのだと感じます。エゴを放棄すると同時に、主体的でないと、地球上で宇宙と一体になって進める仕事は、実現していかないと感じています。

いい意味で、死ぬことができれば、宇宙のことができるのでしょう。

何も無い、空っぽの、死の状態に、高純度な愛は通ります。

中空構造もそうですが、それが全身全霊という言葉の本質なのだと思います。

この高千穂での20年ぶりの「ぶどうの樹」については、NOTEで書いている、『宇宙NOTE』で高千穂シリーズとして1から4まで、読めるので、ぜひ宇宙タイミングが合いましたら、ご覧ください。

★会社で愛をつかう

25歳の時に『樹ぴター』の2つ目に出てくる短編「首をきりたかった男（美しくかくこと）」を書いたあと、人生の急展開がはじまります。

これは背後に現れた霊存在と、一通り書き終えるまで、一字一句修正なしで、一緒に書き留めたもので、それを発表してくださいとメッセージが聴こえてきて「その発表は新宿で始めたほうがいいです」と宇宙から連絡がありました。

そして、新しいこれまでの地球にないクリエイティヴができる環境をつくっていったほうがいいというメッセージも受け取りました。

その連絡に素直に動いたぼくは、新宿でまずはそれを実現できる仕事先を決めたほうがいいと感じ、コンビニに行って、目に入った求人誌をパッと開いた最初のページが、コンビニの求人のページだったのです。なぜかその中央に、ポツンとひとつだけ印刷会社の求人があり、その住所が新宿だったので、ここだなとその場で即決して、さっそく問い合わせの電話を入れました。男性が電話に出たので、その男性に「新宿から文化を発信していくようなことをしなければならないので、それができる働き口を探しています」と伝えます。

すると、何を言っているのかわからないという反応でしたが「面接に来てみますか」とおっしゃり、日取りが決まり、その印刷会社に行きました。

応接室で面接を担当されたのが電話に出た男性で、社長だったのです。社長に質問を受けながら、今後していくことになる仕事を思い浮かぶかぎり、何のてらいもなく全部話していくと、社長が「君は日本に住んだことがないの?」と聞いてきました。

通常、面接に来た人が話す取り繕った会話とは、まったくかけ離れたことを一気に話したので、日本人離れしていると面喰らわれたのだと思います。

それでも、その躊躇のない話しぶりに興味を持たれたのか「いつから来れますか?」と言われ、入社が決まります。

入社当日、案内されたのは面接を受けた応接室で、なぜか応接室の中にぼくの机がひとつポツンとあり、そこに座っていると、打ち合わせの仕事内容がすべて聞こえてしまうポジションでした。

確かに仕事を覚えるには合理的なポジショニングです。それと同時にぼくだけ毎朝早く出勤するように言われ、社長とマンツーマンで過ごす時間があり、時には鹿の睾丸《こうがん》のスープを、夏の暑い中、ランニング&ブリーフ姿の社長と一緒に飲んだりという、不思議な生活が始まります。

この社長はこう書くと、ゲイ、あるいは一見理解ある懐の大きい人物のように見えるかもしれませんが、ものすごく短気で怒りっぽく、使えない社員は精神病になるまで追い込んだり、平気ですぐ切るような、超エゴイストでブラックな人でした。

そんなある日「ちょっと納品に一緒に行こう」と誘われ、深川のほうにある小さな出版社に社長の車で行くと、出版社の社員さんが「うちの社長、戻ってきてますよ」と言うので、じゃあちょっと会っていくかと言って、一緒にその社長に会うことになりました。

どうも病気で入院していた社長が、退院して珍しく出社していたようです。示された席に座ると「君は将来どうしたいの?」といきなり聞いてきたので、こないだの面接の時のように、本を出版することになるとか、自動書記で言葉と音の中間みたいなものが聴こえてくるのを書き留めているとか、印刷とは関係ないいろいろな話をしていると「○○○○」も君と同じようなことを最初言ってたなあ、と言って、ある宗教家の名前が出て「君も○○○○みたいになるか?」と言うので、「絶対にならないです」とはっきり力強く言うと、印刷のほうの社長が「そういう時はなるって言うんだよ(笑)」と言うので、嫌です絶対にならないです、と念を押しました。

その方がかなり本気で言っている口ぶりだったので、ハッキリと、自分の意志を伝えました。どうも、この方はその宗教家のブレーンみたいなことをしていたようで、初期の本をその人が書いていたようです。手相などの本も書いているみたいで、そういうジャンルの専門家のようでしたが「ちょっと手を見せて」と突然言ってきたので、掌をひろげると、触った瞬間に「これは強運だ!」と大きい声をだし、帰る時も「いっしょに東京ドームをいっぱいにしよう!」と、かなり本気にしつこく言ってくるので「それはいいですね!」と、ドームをいっぱいにするのは面白いと思い、答えたりしました。

その社長はそれから1ヶ月後に亡くなりました。ぼくは、宗教や会社などの組織や、コミュニティや村といったものに可能性をほとんど感じていません。集団になった途端に気を使い合ったりしだして、愛をつかう環境が薄まっていくのを感じるからです。

ただもし、組織やコミュニティで愛をつかう状況をつくってくださいと依頼されたら、その可能性を感じる限りはやってみるのは面白いかもしれないと思っています。

これは、その後、後藤誠二さんたちと出逢うことで、自然な流れで、依頼などされずとも実現できた感覚がありました。

詳しくは、『まぁまぁマガジン24号』を、お読みください。

この印刷会社には、本を出版できるシステムがすべてそろっていましたが、各部署はみんな仲が悪く、仕事以外の交流はないような感じでした。

ぼくは印刷会社以外の交流がドンドン始まりだして、残業などをしている時間がないので夕方5時30分に仕事をあがれないなら辞めます、という新入社員にあるまじき申し出をしましたが、あの超エゴイストでブラックな社長がそれらをすべて受け入れてくれていました。

なのでほぼ最初から、必ずキッチリ5時30分にあがっていくという、会社のほう全員を敵に回すような出勤態度を通しました。残業ができないので会社のほうも毎日することを決められず、仲の悪い各部署ぜんぶを回りながら、少しずつ手伝っていく中で、偏屈で閉ざし気味の人たちを解放していったり、みんなが笑って気持ちが上がっていくようなことや、自分がストレスなく過ごしやすい環境をつくっていくための行為として、自然だったので、みんなにまったく不満をもたれることなく、むしろどの部署でも、夕方になると快く見送られるような毎日を送っていました。

この印刷会社にいた3年間の日々で、社会でもどんな環境下でも愛をつかうことができるという、自信を深めたのだと思います。

なかでも社長の息子である副社長との仕事が多くありました。副社長は、90人近くいる社員全員が苦手と思うような人で、常に社内で2代目の横暴な態度を発揮して、怒号や威圧でパワハラをしているような人だったのですが、ぼくは社内の人も驚くくらい珍しく、あまり揉めることなく仕事をしていたようです。

それでもある日、副社長に珍しく怒鳴り散らされたことがあった時に、怒りの沸点が上がれば上がるほど、顔が真っ赤になればなるほど面白くて笑えてきてしまって、怒られている最中に笑いがこらえられなくなり、どうにかこらえようと、ちょっとうつむきながらクチビルを噛み締めていましたが、こらえきれずふるえていると「なにを笑ってるんだ！」とさらにエキサイトして怒り、怒りが沸点を超えてもの凄いことになってしまったので、もはや笑いを抑えようがなくなり、笑うしかなくなってしまったことがありました。

ああいう時は、怒りがちな人は溜まったストレスを相当解放されていると思います。どんどんストレスが抜けてスコーンと通るような状態になるので、その突き抜けた向こう側に、何か清々しい笑いにつながるゾーンがあるのだと感じます。

怒りは解放なので、全身全霊で怒れる環境をクリエイティヴできそうなら、積極的に作っていくといいと思います。

この社長親子はお客がいようがいまいが関係なく、取っ組み合いのケンカをするような感じで、常々周囲の人といがみ合っていました。

それはそれで清々しいなと、微笑ましく感じていました。

★UFOに護られる

宗教団体に関する、面白いこともありました。すべての宇宙マッサージは宇宙タイミングで基本行っていることもあり、理屈抜きでスケジュールが決まっていったりしますが、関西の昔からの友人から連絡があり、タイミングの合う日が決まり、会う直前に、面白いことが起きたとメールが入りました。

何があったのか聞いてみると、ある宗教団体に勧誘されて、興味本位で潜入捜査みたいな感じで2万円払って入会してみた、というのです。

とても有名な新興宗教で、いわくつきのところだったので驚きましたが、宇宙マッサージを受けるし、だいじょうぶかなと思って、という妙な安心感から入ってみたというのです。

どうも、もともと仕事を頼んでいる人の紹介でヨガ教室に通いだしたのがきっかけでした。やたら説教などが多かったり、グルについて話したり、おかしいなあと思っていたのですが、ちょうど宇宙マッサージをする日に、実は○○○という宗教団体なのですが、入会しますか、と打ち明けられたそうなのです。

で、やっぱりなあと思いつつ、道場がどんなものか見てみたいとか、もうある程度洗脳も入っていたのでしょう、受け入れて道場を見学しに行ったらヨガ教室のあったマンションの一室とは程遠く、汗くさい気持ちの悪い念の染みついた場所だったらしく、さすがに引いてしまったそうです。

だけど自分が納得するまで関わってみようかなと話していたので、それはその人の自由だけれど、明らかに洗脳されかけている様子が視えたので、何も言わずに宇宙マッサージを始めました。

そうしてマッサージを終えて、洗脳の解除もできた感じがあったので、あとはその人の判断にまかせ、その日は眠りにつきましたが、睡眠に入った途端おかしなことが起こりました。

相当な人数の怒声や怒号のようなバイブレーションが、ぼくの周りに突然すごい勢いで迫ってきたのです。

それらが躊躇なくぼくの身に襲いかかってきた次の瞬間「ヒュオー」という音とともに、身の周りを羊水のような、優しく抱きしめられるようなバイブレーションが包み、その怒声や怒号が一切入れないバリヤーのようなものが現れました。

それに守られながら起きあがり、すぐ寝ると、また怒声や怒号が押し寄せてきたのですが、「ヒュオー」が今度はさらに高速で来て、護られながら起きあがり、3回目はもう諦めたようで遠くに怒りの気配を感じながら「ヒュオー」の中で眠りにつきました。

この「ヒュオー」は、UFOだったのだと思います。洗脳を解除したぼくに対して、新興宗教の方から念が大量に飛ばされたのだと思いますが、それから身を護ってくれたのを具体的に感じられた、貴重な体験になりました。

第15章

宇宙タイミングエピソード2

★明治時代以来の大雪

2014年2月7～8日に起きた大きな出来事は、自分の身に一生刻まれて、その宇宙タイミングで人生がリニューアルされたことをこの先も自覚していくことになると思います。

いまこれを読んで、このあたりに何かありましたか？と、2023年の春にホロスコープの方に聞かれていたのを思い出しています。

その年の2月6日と7日、ぼくは初めて山梨の甲府で宇宙マッサージをしました。

この時の依頼は、両日宇宙マッサージをすることだったのですが、もうひとつ、イベントをオーガナイズされている女性の方からの依頼が、7日の早朝、東日本最大級の前方後円墳である銚子塚古墳の上で宇宙マッサージをして、古墳を開いてほしいということでした。

ぼくは快く引き受けて明け方に古墳へとむかいました。

その女性は今現在は風土記の丘という公園になっている銚子塚古墳ともうひとつ、対のような配置の、今は山だと思われている古墳との中間に実家がある方で、幼い頃からこの古墳に対して何かをしなければいけないという想いが強くあったそうなのです。


2013年のある日「エンジンゼロワン」という、各界の有識者が全国のいろんな土地に集ってディスカッションをするイベントが甲府で行われました。

前述のオーガナイザーの女性の方が見に行きたいイベントがあったので、チケットぴあで調べると、イベントのほとんどが満席になってしまっていて、唯一残っていたのが、矢作直樹さんが参加される回だったそうなのです。

その時点でその女性は矢作さんのことを知らなかったようですが、せっかく空いているからということで予約して、当日会場に向かいました。

その回がどうして空いていたかというと、チケットぴあの手違いでスケジュール表が最初ズレていて、あとで時間割のズレが判明して戻したため、その時間枠だけスッポリ空いてしまっていたからだったそうなのです。

誰も知らないディスカッションを見に行ったその女性は、ヒートアップして話す人たちの中で一人だけ、何もしゃべらずニコニコ見守っている人物が気になり、それが矢作直樹さんだったそうです。

その後、いろいろ自宅のPCで矢作直樹を検索していったところ、ぼくと対談しているLAWSONHMVの『宇宙おしゃべり』のサイトを発見し、プリミ恥部というヒワイな名前を見つけます。

その対談を視て宇宙マッサージをどうしても受けたくなったその方は、いろいろ調べ2014年の1月5日に開催される網島温泉でのイベントで宇宙マッサージが受けられると知り、そこを訪れます。

当日、永田一直さんとの「宇宙おしゃべり」の公開収録もあって、ぼくが宇宙おしゃべりチームで座っていた宴会場のテーブルにいると、目の前にいた知らない方が声を掛けてきて、それが、その甲府のオーガナイザーの方でした。

その日の一人目として、宇宙マッサージを体感され、終了後、「甲府にも来てください」と言われ、ちょうどスケジュールが合った日が2月6日と7日でした。

7日の早朝、寒い中、古墳に着くと、その方と前方後円墳のカギ穴の円形部分の中心に立ち、スタンディングで宇宙マッサージを開始しました。

どのくらいしたでしょうか、宇宙時間を過ごしフィニッシュを感じて終了すると、甲府がスコーンと開通したのを感じ、その方もカギを受け取るヴィジョンなどを感じたようで、その場を離れ、サロンで夜まで宇宙マッサージを十数人にして、東京に戻りました。

翌日8日、大雪になる天気予報で、雪がどんどん勢いを増してゆく中、たまたまお留守番の日で、一人ポツンと自宅の窓から、降り積もる雪を眺めていました。

その日もイベントが決まっていたのですが、開催するかどうか、ギリギリまで待ってくださいと連絡があり、待機していました。

宇宙マッサージをはじめて以来、ほとんど休みのない毎日を過ごし、一人っきりで自宅にいるのは４年ぶりでした。

読みたいと思って購入していた本も読む時間がなかったので、急にできたこの時間に読もうと、雪の中、ある本を手にとって読みだします。

この「祝《はふり》の神事」について書かれた本の中にでてくるエピソードの幾つかから、何かサインを感じ、この著者がＵＦＯの司令官としての前世を書かれていて、当時の乗組員に呼びかけているような内容でもあったのですが、ぼくは乗組員ではなかっただろうなということも感じつつ、中でも強く感じたのは、ぼくはこの祝の神事というのに行くことになるな、ということでした。

この司令官さんに会いにいくというより、この本に出てくる巫女様と会う必要がある、と直感したのです。

前に書いた地下鉄にいる時に電話をしてきて、留守電に声があった女性はこの本にでてきます。

雪はなおも量を増し、降りつづけています。

お昼すぎ、天気予報がつけっぱなしのテレビから流れたので何気なく見ると、関東地方が予想を超える雪になっている情報とともに、雪の分布図を映しだしたテレビの画面に、1ヶ所だけ、桁違いに雪が降っている場所が目に入り、よく見ると山梨の甲府でした。

Facebookのメッセージには、甲府のオーガナイザーから「雪がすごいことになってます！」と連絡が入り、昨日買っていた『樹ぴター』をパッと開いたら「雪は神様からの手紙」と書かれているところだった！と報告してくれたりしました。

最終的にこの時の甲府の積雪量は120年ぶりの、明治時代以来の大雪だったといいます。そしてこの祝の神事は明治天皇までの天皇陛下が、皇太子から天皇になるために受けていた神事だったそうなのです。

東京の雪の中で、一人ポツンとひさしぶりに過ごしながら、フッと、この先自分がどういう風に進んでいこうか、ということがクローズアップされてゆきました。
そんなことをあらためて認識し直す時間も、その数年まったくなかったのです。

宇宙マッサージがはじまってからというもの、プリミ恥部という名前であるにもかかわらず、LAWSONHMVで宇宙対談の連載がはじまったり、フェリシモ『haco!』という雑誌で、LOVE宇宙パジャマをコラボレーションしてつくったりと、企業との仕事も展開していき、それらが始まるキッカケや出会いも宇宙や愛の配慮がないかぎり実現するはずのない縁がつづいてゆきました。
そういう存在を十分感じつつも、宇宙や愛と正面から向き合うということを避けてきていましたが、矢作直樹さんとの出会いにより、ちょうどそのタイミングで出版された『天皇』という本も読ませていただいて、その本に書かれているような内容の領域にも認知されていく可能性が少なからずあるのだとしたら、この先は、これまで以上に、ＵＦＯや宇宙人や愛との協力体制を密にしていく必要があると感じました。

だからこそ、祝の神事というのも体感しておく必要がある、と直感したのです。

しかし、面白いことに、この時宇宙は確実に動いていました。

それが後に明るみに出ます。

★クリスタルでできている瑞牆山

矢作直樹さんとは、ある出版社のパーティーで知り合いました。

ぼくがパーティーのフロアーの中央で、お集まりになった方々に一人ずつ宇宙マッサージしているのを遠目から見て、特殊な光のバイブレーションがわかったそうで、その日はたくさんの人が並んでいたので、そのまま帰られたそうでした。あとで出版社のほうに、ぼくのことを話してくださっていたようで、ぜひお会いしたいですと出版社に連絡していただき、「宇宙おしゃべり」をすることになり、収録先の東大病院の一室で、対談前に初めて宇宙マッサージをしました。

この時、二人は止まっているのに、周りが凄いスピードで回転しているというＵＦＯ体感を共有し、その体感を機にＵＦＯに対するぼくの意識は、ＵＦＯは視るものではなく、なるものだ、という方向に、ハッキリとシフトしていきます。

また対談本を出版し、その記念ピクニックのような感じで瑞牆《みずがき》山に登りにも行きました。

この山は麓にクリスタルロードという道があり、そこを車でドライブしているだけでも無重力を体感できるほどの、水晶でできているといわれている山です。

みんなで山頂まで登って、そこで矢作さんとぼくとで参加されたみなさんに宇宙マッサージやヒーリングをしていきました。この頃にはすでに、ＵＦＯの呼び方がわかっていましたので宇宙マッサージをしながら呼ぶと、山頂に傘のようにすっぽりとUFOが滞在し、それを体感された矢作さんは「ふぁーー」と両手を広げて全身全霊で浴びていました。

その姿は、よく知っている周りの方々が驚くほどで、みなさんに心配されるほど、解放されているご様子でした。

★白い麻のLOVE宇宙パジャマ

この頃、自由が丘にあるサロンで、月1ほどで、予約制宇宙マッサージをしていたのですが、ある日、何度か宇宙マッサージをしに来ていた方から、白い麻のLOVE宇宙パジャマをつくらせていただきたいという申し出がありました。

その申し出がある時には、数日後に、初めて祝の神事に行くことがもう決まっていたのですが、服装が上下白のもの、と聞いていたので、「実は数日後にある神事に参加するのですが、その日までに間に合うようでしたら、コラボするということでいかがでしょうか」と、結構な無茶ぶりをしました。

快く引き受けてくださったのですが、この申し出自体が、宇宙の計らいであるとすでに感じていましたので、だいぶ無茶ではあるけれど、間に合ってしまうのだろうなとも直感していました。

神事前日、京都の滞在先に、白い麻のＬＯＶＥ宇宙パジャマが届き、すべてが万全の宇宙タイミングで、祝の神事にむかいました。

ちなみに、「冬至の日にエジプトの王の間を貸し切れたんですけど」と誘ってくださったのが、この自由が丘のサロンのオーナーさんでした。

★祝の神事の巫女様とのこと

矢作さんに、「祝の神事を受けたほうがいいと感じています」と、ある日メールをしますと、その日の夜にはすべての手配をしていただき、２０１４年

5月11日に受けられることになりました。

矢作さんから送られて来たメールが、知りうる全情報でしたが、集合場所と日時と服装だけが書かれていました。

しかし、同行していただける女性がいて案内してくださるとのことで、当日待ち合わせの時間に駅に行くと、よく知っている女性が待っていてくださり、そのまま、近江神宮に、タクシーで行きました。

神宮に着き巫女様を紹介していただけることになり、ご挨拶にむかいますと、とても美しいバイブレーションの、80歳を超えているとは思えない純粋な姿をされた巫女様がそこにおられました。

エゴなどを一切感じない、慈愛にあふれるお人柄に触れて、この方なら信頼できる、とすぐに感じました。

しかし、この後、とても急速に、核心へと流れが動きだします。

同行していただいていた女性がぼくの名前を巫女様に告げられてすぐに「宇宙マッサージを受けていただきたいです」と、突然おっしゃったのです。

決まっていたことのように何の澱みもなくおっしゃり、ぼくは何も聞かされていなかったので、突然の展開でした。

すぐに、あの大雪の日にこの場に来るのを感じたのは、巫女様に宇宙マッサージをしに来るということだったのかもしれない、と落ち着いて感じられました。

午前中の神事を終えたあと、お昼休みの時間を使って、巫女様に宇宙マッサージをしました。

そして午後の神事を夕方くらいまでして、その日の神事を終えられてから、巫女様がぼくをお呼びになって、こんなことをおっしゃいました。

「私は数ヶ月前に神様からお告げがあって、私の身体は宇宙の人じゃないと調整できないから、その宇宙の人が来ますと言われました。それがあなたです」と。

そしてシリウスから光が大量に入ってきたことや、地球での鎖が解かれて細胞が新しく入れ替わるのがわかった、とおっしゃっていただきました。

巫女様はシリウスとの深いご縁があったので、そのバイブレーションを思い出すようにシリウスから光の宇宙情報が大量に届いたのでしょう。

それからというもの、月1で神事を受けながら巫女様に宇宙マッサージをしていくという流れの中、巫女様とは、明らかに以前お会いしたことがあり、宇宙にいた頃UFOの母船などで会っていて、とても深いご縁があったであろうというほどのとても深い愛のご対応を受け、1年半もの間、破格に愛を交わしあえる時を過ごしました。

時には神事中なのに、神事は他の方々にお任せになって、3時間近くも宇宙マッサージをしつづけるようなこともありました。

この出会いを機にぼく自身の魂の成分を自覚していくような流れが、どんどん進んでゆきます。

自分がどうして、この地を訪れて、祝の神事を受けつづけているのかも、よくわかっていきました。

魂の遍歴は、人それぞれありますが、すべての人が同じ魂である、ということを前提に、お話ししています。

★巫女様との最後

巫女様は最後の数ヶ月病院で寝たきりになられて、ぼくは神事には行かずに巫女様とのご縁のほうに意味がありましたので、宇宙マッサージをしに病院に行き、巫女様も宇宙マッサージだけは最後まで受けたいとおっしゃって、二人きりで最後の蜜月の時を過ごしていました。

ある日、神事と宇宙マッサージのコラボのような感じでやっていますと、バッとカーテンが開いて、突然看護婦さんが現れました。看護婦さんは何か気まずい感じを咄嗟《とっさ》に隠すように、「あらギターやるんですか、歌ってくださいー!」と言われ、歌わないとさらに変な空気になりそうな流れだったので、歌わざるを得なくなりました。

その場で光世界という歌を歌った、一声目を聴いた瞬間に巫女様が「ふわああああああーーーー！」と、衰弱によって聞き取りづらいほど、お声も細くなられていたにも拘らず、凄い大きな声を発せられました。

何か歌とか声を聴いてというより、歌いだした時のバイブレーションに対して声をあげてしまったという感じでした。

そんな宇宙タイミングもありながら、お亡くなりになる2ヶ月ぐらい前の病室に行った日が、ちょうど8月8日で、宇宙マッサージが始まって5周年の日と重なりました。

その日も病室で始まったのですが、いつもお会いすると予言のようなことを語られ「海外に行くようになってしまいますねぇ、寂しくなりますね」だとかいろいろおっしゃっていただいていましたが、その日の発言はちょっとそれまでと違っていました。

「あと2回やったら最高位にあがるんとちゃいますか〜」とおっしゃり、「そのうちの1回が今日です」と言われてコラボが始まりました。

翌日8月9日の朝「ハワイに行ってほしい」と、以前、早稲田通りのフレンチレストランで突然話しかけて来た美しい妙齢の女性の方から、連絡が入りました。

このハワイ行きの話を皮切りに、オアフ島、ハワイ島、ニューヨーク、マルタ島、ゴゾ島、ドバイ、カウアイ島、ニイハウ島、エジプト、バリ島、タイ、ベトナム、スリランカ、パリと急激に海外に行くようになりました。

翌月、病室でのコラボレーションは、それまででもっともハイクオリティな最高潮のバイブレーションが二人の間に起きました。

強く強く天とつながり、意識を保てないほどのエネルギーが上下から大瀑布のように流れ込み、病室に高密度の愛と光の状態を産み出しました。

途中、お掃除の時間になり、待合室にぼくだけ移動しましたが、座っていても身体が溶けてしまうように愛の宇宙情報のダウンロードとエネルギー循環が止まらないという感じでした。

病室に戻ると、そのままお眠りになっていたので、ぼくはソッと病室を後にしました。帰りの電車のホームに立つと、遠くに建つ巫女様の病院が見えましたが「もう来ることはないかもしれないな」と直感しました。

3日後ハワイに向かっている機内にいる時に巫女様がお亡くなりになっていたことが、オアフ島に着いてから、娘さんから連絡が来てわかりました。

巫女様が、あと2回といった意味は、この最後の2回のコラボのことだったと思いますし、「最高位にあがる」といった意味に符合するように腑に落ちるような出来事が、その後怒涛のように起きていきましたので、何か途轍もない宇宙の開通をこの時にしたのではないかと、今になって感じています。

★エジプトのピラミッドで起きたこと

ギザのピラミッドには2016年12月21日の冬至の日に行きました。ヒンヤリとしたまだ朝の空気の中、20人ほどの同行者の先頭で梯子を登り、王の間に着き、かなり長い時間を使って、地球内部のアトランティスからのエネルギーと、地球外部の宇宙からのエネルギーとが、ぼくの松果体と連動し起動するのを体感しました。

ピラミッドとは地球人に宇宙情報や技術をダウンロードすることができるコンピュータです。

松岡先生に小学生の時に伝えられた＾は、その後30年以上の時を経て、このピラミッドにシンクロする宇宙タイミングの日のために、必要な情報として、視えていたものだったのでしょう。

この日の夜、メナハウスという、テラスからピラミッドが見れる、もともと宮殿として使われていたピラミッドエリア内にある素晴らしいホテルの部屋にいますと、夜空に光が現れていることに気がつきました。

ＵＦＯにも感じて、テラスの外に出て写真を撮りながら、よく見ていると、月だというのがわかりました。

そして、外には雨が降っていたのです。

雨は椰子《やし》の木に降りそそぎ、歩道なども静かに濡らし、夜空にピラミッドもボンヤリとその稜線が見えましたが、何も特別なことではないというように、降り続けていました。

その時は、月が出ているのに雨が降っているというおかしなシチュエーションなのに、不思議と落ち着いていて、そこで起きている祝福の雨を感じながら眠りにつきました。

この、ピラミッド～UFO～月～雨～曇りという流れはサインです。

この地球や月、宇宙に至るまで、すべて生命体であり、心と体と頭、全身全霊、全知全能はコンピューティングシステムによって、一人一人の人間と連動していることを示しています。

一見、違和感のある姿が他人に垣間見えたとしても、どんな人間も、ひとつの生命体であり、一人一人の宇宙を生きています。

それが多種多様に現れていることこそ、地球が担っている役割の、本来の姿です。

それぞれの個性を生きてこそ、地球も宇宙も、喜びます。

自分が生きてみたいと感じる人生を、全うすれば、恥ずかしいことなど、ひとつもありません。

人生の組み合わせは、無限にあります。そこには理屈抜きの現実があり、新しい毎日が、一瞬一瞬にあります。

自由自在に、生きていいのです。

翌日エジプト人のガイドさんに前夜の雨のことを聞いてみると、エジプトで12月に雨が降るというのはまずあり得ないことだそうです。

しかも、月が出ていたということは、ピラミッドエリアにだけ雨が降っていた、ということなのです。

伝説によれば、ピラミッドが起動するとクラウドが発生して、雨が降るらしく、やるべきことができていたようでした。

レストランで朝食を済ませたあと、外に出ると、ピラミッドを取りかこむように上空の全方向が雲で覆われていますが、その向こうには青空が広がっていて、メナハウスを含む我々のところだけに雲がかかっているというのがわかりました。

雲は灰色がかって雨を含んでいる状態でした。

その水分を感じさせる雲が、どれだけエジプトの12月で奇跡的なことか。

地元の人たちにとっては神様の恵みの雨として、大変貴重で喜ばれるものだったのです。

このエジプトツアーに参加していた誰もが、その朝の空を見て、日本の空を思い出していました。

レストランの外のプールサイドから眺めるピラミッドは、水面に、逆さピラミッドを映し出していました。それは逆さ富士を湖のほとりで眺めている感覚になるくらい、見事に、曇り空の中、ギザが日本に反転していたのです。

これにはガイドさんも驚くよりほかにないといった感じでした。

しかもあとで聞いたら、東京の冬至は、夏日のような気候に変わって、Tシャツで外を歩いている人たちがいたというのです。

それを聞いて、日本とエジプトが入れ替わったことをはっきりと感じたのでした。

愛の後書

この本は2017年に『愛を味方にする生き方』というタイトルで出版したものの改訂版です。

「愛」を「宇宙タイミング」に置き換えて書いたら、黄色い本とパラレルフロウを起こし、相乗効果になると気がつき、タイトルにしました。

いずれ世界中の人に読んでいただける宇宙タイミングが来ましたら、とてもうれしいです。

白井剛史／プリミ恥部

2023年

白井剛史（プリミ恥部）
宇宙 LOVE アーティスト、歌手。1975 年、静岡県生まれ。1st アルバム「シュペルヴィエル」、2nd アルバム「プリミ恥部な世界」、3rd アルバム「UFOPIA」を発表。「宇宙マッサージ」という独自のマッサージを行い、著名人から経営者までそのファンは多岐に渡る。矢作直樹氏との共著に『気をつかわずに愛を使う』（アーバンプロ出版センター）、著書に『樹ぴター』（文芸社）、『愛を味方にする生き方』『地球の新しい愛し方』（小社）、『あいのことば』（mm books）など。

宇宙タイミングを味方にする生き方

令和 6 年 2 月 10 日　初版発行

著　者　白井剛史
発行人　蟹江幹彦
発行所　株式会社　青林堂
〒 150-0002　東京都渋谷区渋谷 3-7-6
電話　03-5468-7769
装　幀　TSTJ inc.
印刷所　中央精版印刷株式会社

Printed in Japan

ISBN 978-4-7926-0757-9